CASI PERDIDOS
La salvación en Jesús es posible

Volumen 4

CASI PERDIDOS
La salvación en Jesús es posible

Volumen 4

Casi perdidos: *La salvación en Jesús es posible*

© 2025 José M. Moral.
Reservados todos los derechos.

No se autoriza la reproducción de este libro ni partes de este en forma alguna, ni tampoco que sea archivado en un sistema de almacenamiento de información o transmitido por algún medio (electrónico, mecánico, fotocopia, grabación u otro) sin permiso previo de los editores.

Publicado por:
Full Editing LLC
Lehigh Acres Florida

Cubierta y diseño interior:
José M. Moral

Edición:
José M. Moral

A menos que se indique otra fuente, todas las referencias bíblicas se tomaron de la Biblia Reina-Valera, revisión de 1960.

1a Edición: enero de 2014

Título original:
Esperanza para la familia

Impreso en:
Amazon

Categorías:
Predicación expositiva. Sermones. Estudio bíblico.

FULL EDITING

DEDICATORIA

A mi querida madre, quien dio a sus hijos el mejor ejemplo posible de cristianismo y abnegación. A la memoria de mi padre, que fue un hijo pródigo rescatado de los zarzales de la vida.

ÍNDICE

DEDICATORIA 5
DESCRIPCIÓN 11
AGRADECIMIENTO 13
INTRODUCCIÓN 15

Capítulo 1
RESCATADOS POR EL AMOR 21
    Amor del pastor por una oveja 23
    Sacrificio del pastor por su oveja 28
    Gozo del pastor por la oveja encontrada 30
    Gozo universal por un pecador arrepentido 32

Capítulo 2
ENCONTRADOS POR EL AMOR 37
    Enciende una lámpara 43
    Barre la casa 48
    Busca con diligencia 50
    Festeja feliz 52
    Resumen 53

Capítulo 3
DESINTERESADO AMOR 55
    Independencia y egoísmo del hijo 56
    Amor y desinterés del padre 63
    Resumen 69

Capítulo 4
CARENTES DE AMOR 71
- Desprecio del patrimonio familiar............................ 73
- Destierro voluntario de sí mismo.............................. 76
- Despilfarro de los bienes personales 80
- Desenfreno personal 84
- Resumen.. 86

Capítulo 5
COLAPSADOS POR EL DESAMOR 89
- Colapso espiritual.. 89
- Colapso económico 91
- Colapso social 93
- Colapso moral 99
- Resumen... 103

Capítulo 6
ATRAÍDOS POR EL AMOR 105
- Atraídos por el amor 105
- Reconoció su locura.. 107
- Reconoció su caída.. 110
- Reconoció su pecado 110
- Reconoció su indignidad 118
- Resumen.. 120

Capítulo 7
JUSTIFICADOS POR EL AMOR 123
- Dios te recibe en su hogar..................................... 126
- Dios te libera del pecado....................................... 128
- Dios se sacrificó por ti... 133
- Dios se goza contigo... 134
- Resumen.. 137

Capítulo 8
SALVADOS POR EL AMOR 139
   Relaciones opuestas con el padre 139
      Distintos lugares de procedencia 140
      Distintos lugares de ubicación 140
      Distintas maneras de participación 141
      Distintos confidentes 141
      Distintos informes 142
   Decisiones personales enfrentadas 142
      Distintas características emocionales 143
      Distintas respuestas a la invitación 144
      Distintos conceptos sobre la reconciliación 145
      Distintas decisiones ante la invitación del padre 146
   Motivaciones personales diferentes 146
      Distintos motivos de inspiración 147
      Distintas aspiraciones 148
      Distintos conceptos familiares 148
      Distintos conceptos acerca del carácter del padre 149
   Percepción correcta del padre 151
      Trato semejante a ambos hijos 151
      Visión correcta acerca de ambos hermanos 153
      Beneficios apropiados a ambos hijos 155
   Resumen 161

CONCLUSIÓN 163
AGRADECIMIETO 166
REFERENCIAS 167
LIBROS DEL AUTOR 168

DESCRIPCIÓN

Casi perdidos: *La salvación en Jesús es posible,* es un libro de **auto ayuda**, para el crecimiento espiritual de quienes desean mejorar sus vidas en el área de la fe cristiana. No es solo para principiantes, sino también una **Guía para predicadores** que desean **predicar sermones expositivos.**

El libro presenta una **exégesis** de Lucas capítulo 15, y expone en ocho capítulos algunas de las verdades centrales del evangelio salvador presentado por Jesús a sus seguidores. Contiene un estudio minucioso de las tres parábolas por las que algunos teólogos denominan a Lucas 15 como el capítulo de las cosas perdidas de la Biblia. Aunque realmente este autor lo considera el capítulo de las cosas salvadas.

Además, presenta ocho capítulos: el primero sobre la *Parábola de la oveja perdida,* el segundo interpreta la *Parábola de la moneda extraviada* y el resto contiene seis capítulos sobre la *Parábola del hijo pródigo;* de los cuales, el último capítulo es sobre el hermano mayor de la parábola. Estudiosos piensan que **Lucas 15** es una presentación del **evangelio en miniatura.**

Porque en las tres historias relatadas por Jesús a sus oyentes les indicó la manera como podían **ser salvos del pecado**. Con tres historias sencillas desmoronó la doctrina de los **escribas y fariseos** acerca de la dificultad de encontrar el perdón de Dios y **ser salvos**; y **abrió una oportunidad** para los **publicanos y pecadores** que se creían perdidos irremediablemente. Jesús demostró que nadie está tan perdido que no pueda ser salvado por él. Porque él vino a buscar y a salvar lo que se había perdido (Lucas 19:10). Esto indica que la salvación que Jesús ofrece a los pecadores es una oportunidad abierta al alcance de cualquier ser humano, sin que a Dios le importe su pasado, porque él es amor (1 Juan 4:8). Deseo que este libro te sea útil. Este texto puede ayudarte de muchas maneras: todos podemos crecer un poquito más si comprendemos la profundidad del amor de Dios por medio de estas tres parábolas, y en este libro **los predicadores encuentran una herramienta** con la cual enriquecer sus sermones.

Espero que puedan aprovecharlo al máximo. El objetivo del autor es **guiar a las personas a Cristo** y **colaborar con la predicación** de quienes día a día se preparan para compartir el mensaje de salvación con sus semejantes.

Muchas gracias por leer mis libros. Dios te bendiga mucho.

El autor

AGRADECIMIENTO

Agradezco mucho que adquieras mis libros. El propósito de escribirlos y publicarlos es que te ayuden en el crecimiento espiritual y te sirvan como herramientas útiles para predicar el evangelio a otros. La predicación expositiva guía al predicador a una comunicación eficiente con su congregación y lo ayuda a crecer como profesional de la predicación cristiana.

Además, aprecio tu interés por compartir el evangelio de Jesús. Creo que este libro: **Casi perdidos:** *La salvación en Jesús es posible*, te ayudará a presentar el mensaje de salvación de una manera fácil y sencilla. Y te relacionará con la construcción del formato de bosquejo expositivo que la mayoría de los predicadores quisieran aprender. Recuerda, la práctica se obtiene mirando cómo lo hacen otros. También te ayudará a crear tu propio estilo homilético y exegético.

Si te es útil este libro de auto ayuda te agradezco que lo recomiendes a quienes, como tú, desean predicar el evangelio de Cristo. Si no te es molestia, tal vez puedes dejar una recomendación en la plataforma de donde lo adquiriste. Así ayudarás a que el libro tenga mayor visibilidad y llegue a otros con mayor rapidez. Con tu ayuda muchas otras personas podrán conocer más de Jesús y de la salvación que él ofrece a los perdidos.

Nota: Incluso, si deseas obtener bosquejos expositivos ya hechos, como práctica para tus aspiraciones exegéticas, también puedes adquirir: **Las doce claves del reino:** *Bosquejos para predicadores;* otra **herramienta** para estudiosos de la Biblia que desean compartir con otros su experiencia en Cristo. En dicho libro obtendrás una serie de **bosquejos de sermones expositivos**; que, aparte de guiarte en la perfección de la técnica expositiva, de predicación te muestra un ejemplo claro de cómo **predicar en serie**. Ambos libros se complementan el uno al otro. Los dos están publicados en Amazon. También puedes encontrar el libro **Predica con poder:** *Guía práctica para predicar sermones expositivos sin ser un experto*. El cual te ayudará a crear **sermones expositivos profesionales** desde cero. No es un libro de teoría, sino, un manual práctico que te muestra cómo se hace un **sermón expositivo** de manera fácil. Puedes obtenerlo en Amazon. Que Dios te bendiga mucho y te ayude a cumplir tu ministerio de predicación.

¡Gracias por tu apoyo!

Web: jmoralministries.org

Ahí están algunos sermones en audio y video. También encontrarás ideas para sermones. Te deseo muchas bendiciones.

José M. Moral

INTRODUCCIÓN

Con un alarido casi animal rompió el silencio que imperaba entre ellos. Ciego de ira se abalanzó sobre su esposa y arrancó de sus manos el libro que ella aún protegía contra su pecho. En pocos segundos la fuerza de hombre pudo más que el amor de la mujer, y de un golpe le arrebató el libro y lo hizo pedazos con sus propias manos.

Enfurecido, apretó entre las manos los trozos de papel, los estrujó lo más que pudo, y en medio de la noche lanzó por la ventana de la casa los pedazos maltrechos de la Biblia, que odiaba con todas sus fuerzas, pero que su esposa amaba de corazón.

El destrozo del sagrado texto significó para ella la pérdida de la paz familiar, la ruptura de las esperanzas de recuperación para su hogar deshecho y la amenaza de naufragio para toda su familia. Pero su esposo estaba satisfecho. El no creía en Dios. No solo lo negaba, sino que hasta lo odiaba. Estaba decidido a impedir que ella avanzara por un camino que él consideraba un sin sentido.

Hizo añicos la Biblia de su esposa porque a cualquier precio que fuera necesario quería despojarla de la idea de creer en Dios. Pero ella amaba a Cristo y estaba resuelta a no ceder ante las brutales amenazas de su esposo, ni claudicar ante los inmisericordes ataques que él hizo contra su integridad física y emocional. Ella se había convertido al Salvador del mundo, y aunque su cónyuge se opusiera a la fe cristiana que profesaba, serviría a Jesús al costo que tuviera que pagar. Cuando el feroz ataque terminó, la esposa salió al patio y, como mejor pudo, reunió los trozos de Biblia que encontró esparcidos sobre el suelo y los puso a salvo de la furia delirante de su esposo. La familia pasó una noche tensa, pero sin nuevos incidentes.

Al amanecer, el esposo se levantó y salió a trabajar. Al pasar por el patio vio en el suelo un papel que se movía de un lado a otro del camino, arrastrado por la suave brisa matinal. En medio de la penumbra del sol que en pocos minutos emergería tras el horizonte, inclinó su cuerpo hacia la vía y tomó entre las manos el escurridizo pedazo de papel roto y arrugado que volaba de un lado a otro. Era una página de la Biblia rota de su esposa. La tomó, y tal vez para evitar que fuera encontrado de nuevo, lo echó en el bolsillo de su pantalón y continuó su camino.

Durante el tiempo de descanso de la pesada jornada laboral que le proporcionaba el pan diario, el hombre extrajo del bolsillo el trozo de papel, y sin darse cuenta comenzó a leer la historia del hijo que recibió una herencia y se marchó de casa. ¡Qué historia tan sorprendente! Nunca había leído yo algo así, pensó; qué padre tan bueno, qué muchacho tan torpe... Mientras leía en el ajado trozo de papel, el relato del hijo pródigo impresionó su ánimo; pero la página quebrada dejó inconclusa la historia. ¿El padre perdonará al hijo?... ¿El padre castigará al muchacho desobediente?... ¿Qué va a pasar si el padre y el hijo se encuentran de nuevo?... ¿En qué acabará la historia? Tengo que enterarme de cómo termina.

Al final del día, al malhumorado esposo lo abrumaba un deseo incontrolable de conocer el resto del relato bíblico. Estaba preocupado por el desenlace de la que, según le parecía, era una tragedia familiar causada por un hijo testarudo que no hacía caso de su padre. Terminada la faena regresó a casa y buscó por el patio los restos de la Biblia destrozada por sus propias manos, pero no encontró ni el más mínimo rastro de la historia cuyo final ansiaba conocer.

La curiosidad lo dominaba, pero no se atrevía a pedirle a su esposa el resto de los pedazos del libro roto. Fue ella quien notó que su esposo había perdido algo que necesitaba encontrar, y le preguntó con amor.

—¿Qué buscas?

—¿Dónde están los trozos de Biblia que anoche lancé por la ventana?

—Yo, los recogí; los necesito y no los quiero perder —respondió ella, temiendo una nueva trifulca familiar.

—Dámelos, no tengas miedo, solo deseo saber en qué termina este relato. —dijo mientras le mostraba la página rota que contenía el relato del hijo pródigo—. Quiero saber qué pasó con ese muchacho loco y desobediente que se fue de la casa y derrochó la herencia que le correspondía.

Mientras el esposo sostenía entre sus manos el trozo de papel ajado y roto que antes había formado parte del Capítulo 15 de *El Evangelio según San Lucas*, la esposa escuchó atenta cómo él le pedía los restos de la Biblia que ella había rescatado del patio de su casa. A pesar del temor y la angustia que sentía en su corazón quebrantado por la violencia y la obstinación atea de su pareja, le entregó la parte que faltaba.

La historia del padre amoroso que perdonó al hijo descarriado y derrochador que volvió a casa sin dinero, arrepentido de sus malas decisiones y humillado por los avatares de la vida, tocó el corazón endurecido del esposo, quien poco después se convirtió a Cristo y tuvieron un hogar feliz.

En mi primer año de seminario, cuando estudiaba los evangelios y las parábolas de Jesús, el profesor contó este relato a la clase. Estudiábamos el Evangelio de Lucas y analizábamos en el aula la fuerza de convicción de la parábola del hijo pródigo. No sé cuándo ni dónde ocurrió esta historia, pero nadie puede negar el impacto positivo que la parábola del hijo perdonado por su padre amoroso ha logrado a través de las edades en los corazones humanos. Miles y tal vez millones de personas que alguna vez estuvieron alejadas de Dios y sus vidas corrían el riesgo de perderse en el pecado y la desesperación, regresaron de la perdición a la salvación. Cambiaron la muerte por la vida.

El tema del capítulo 15 de Lucas es el amor anhelante del Padre por los perdidos (Hendriksen, 1994). En Lucas 15 aparecen tres relatos magistrales que así lo demuestran: *La oveja perdida, La moneda perdida* y *El hijo perdido*. Un pastor que arriesga el rebaño para buscar a su oveja descarriada, una mujer que busca diligente una moneda que se le extravió dentro de la casa y un padre que permanece acongojado y expectante por su hijo ausente del hogar.

Con Frecuencia escuchaba al profesor referirse a Lucas 15 como «El capítulo de las cosas perdidas». Desde la primera vez que escuché la frase «cosas perdidas» esta captó mi atención, y reflexioné en su contenido teológico. Desde ese momento, por más de treinta años he predicado con frecuencia de esa porción de las Sagradas Escrituras. Cuanto más analizo el tema del amor de Dios hacia los pecadores, más me convenzo de que la comprensión del capítulo 15 de Lucas es clave para que comprendamos el amor divino por el ser humano.

A lo largo de mi ministerio llegué a la conclusión de que más que «cosas perdidas», Lucas 15 es un adelanto del milagro transformador que Dios realiza en los corazones de los pecadores arrepentidos, en cada uno de nuestros hogares y en cada persona individual que desea acercarse a Jesús como salvador. En este capítulo de Lucas Jesús reveló la amorosa posibilidad de salvación que él ofrece a cada uno de los distintos grupos de pecadores que existen en derredor de una iglesia que vive y se desarrolla en un mundo que marcha cuesta abajo hacia el abismo de la perdición. Creo que Lucas 15 merece que se le llame «El capítulo de los pecadores salvados», o en todo caso, «de las cosas salvadas»; porque es el capítulo que promete la posibilidad de ayudarnos a salvar lo que queda de alguien que se alejó y se hundió en el fango del pecado. Por medio de estas parábolas Jesús prometió la salvación a quienes parecen desintegrarse en medio del alud destructivo que sufre la sociedad actual.

En ocho capítulos este libro describe el amor de Cristo por cada ser humano que espera por alguien que lo ame y lo ayude a alcanzar la felicidad y la realización espiritual de su vida. Casi perdidos presenta ocho temas: Rescatados por el amor; basado en la parábola de la oveja perdida (Lucas 15:1-7). Encontrados por el amor; fundamentado en la parábola de la moneda perdida (Lucas 15:8-10). Y seis temas sobre la parábola del hijo perdido, que son los capítulos Desinteresado amor (Lucas 15:11, 12); Carentes de amor (Lucas 15:13); Colapsados por el desamor (Lucas 15:14-16); Atraídos por el amor (Lucas 15:17-19); Justificados por el amor (Lucas 15:20-24); y Salvados por el amor (Lucas 15:25-32).

El libro toma en consideración el hecho de que en los tres relatos del capítulo 15 de Lucas Jesús describió situaciones humanas que afectan al ser humano en el tránsito por este mundo perdido. A través de la angustia que vive el pastor que pierde una oveja, Jesús presentó la zozobra de millones de personas que no conocen del amor de Dios y no saben el camino de retorno al hogar; al relatar la tristeza inconsolable de la esposa que pierde una moneda que significa mucho para su hogar y su matrimonio, también incluyó un rayo de esperanza que todavía puede iluminar a los hogares que parecen más desechos por las consecuencias del pecado; muchos de los cuales sufren por la angustia familiar causada por hijos desobedientes y esperan en el amor desinteresado del padre cuyo hijo se alejó de la casa para incursionar en un mundo dónde son nulas las posibilidades de subsistir sin el amor de Dios. Con estos relatos Jesús abrió una puerta de esperanza para cada familia humana de hoy en día.

Los títulos de estos capítulos muestran el amor redentor de Dios que nunca nos olvida; el amor liberador de Dios que está dispuesto a darlo todo por cualquiera de sus hijos; la fuerza del amor salvador de Dios que nos creó para que fuéramos entes pensantes; el nefasto poder y la tragedia del amor propio y sus consecuencias devastadoras en el ser humano; la fragilidad y la ineficacia de la justicia propia; la necesidad del arrepentimiento y la confesión; la certeza del perdón y la justificación y la revelación del poder del amor de Dios para restaurar una familia en crisis.

Este libro es una exposición acerca del amor de Dios que, sin tener en cuenta cuán lejos hayamos ido, o cuán distante de la salvación esté nuestra situación personal con él, hace todo lo posible para atraer nuestra atención y lograr nuestro arrepentimiento.

En un solo capítulo el doctor Lucas registró tres de las más ilustrativas historias conocidas acerca del plan de rescate que Jesús trazó para salvar a la humanidad perdida. Por lo que, en cada relato analizado en este libro el Salvador presentó los diferentes grupos de perdidos que existen en el mundo. En pocas palabras, Lucas describió lo que el amoroso padre celestial hace para que ninguno se pierda. Los temas presentados exponen los aspectos que, a mi juicio, sobresalen en estas tres significativas parábolas.

El texto sostiene que una de las más grandes necesidades del mundo es el amor a la familia, pero no el amor común y corriente entre dos individuos, sino el amor desinteresado de Dios, que está dispuesto a amarnos como somos, dónde estamos y sin tomar en cuenta nuestras decisiones personales más descabelladas. Ese es el amor de Jesús, el verdadero autor de las tres parábolas registradas en el capítulo 15 de Lucas.

Mi deseo es que este libro conduzca a Jesús a quienes se extraviaron en los avatares del mundo actual, y hoy en día deambulan por la vida sin esperanza ni salvación. También anhelo que estas páginas fortalezcan la fe de quienes ya encontramos el camino de la redención. Pero por encima de todas las cosas deseo que cada persona encuentre en este mundo una familia que lo ame y lo ayude a vivir en esta tierra un poco del amor del cielo.

No importa si tu familia biológica o adoptiva te acepta, o como iglesia de Cristo la comunidad de todos los creyentes te acoge como hijo de Dios y hermano de todos. Lo más importante es que no estás solo en este mundo.

Dios quiere que sepamos que todos podemos encontrar en estas páginas fortaleza para transitar el camino hacia la casa del Padre.

Mi deseo sincero es que cada uno de estos mensajes nos ayude a descubrir el inmenso amor con que el Padre nos ama, y que nos alejemos para siempre del extravío moral y de las caídas espirituales que dañan y matan a los hijos de Dios que lo dio todo para salvarnos, porque nos ama más que a *«la niña de sus ojos»* (Zacarías 2:8).

Capítulo 1

RESCATADOS POR EL AMOR

Hace algunos años el mundo se conmovió por una noticia sin precedentes en la historia de los accidentes laborales. Un derrumbe en la mina San José, en Chile, sepultó a 33 mineros a la profundidad de unos setecientos metros. Los medios noticiosos le dieron una amplia cobertura al accidente, y la trágica noticia se esparció hasta el último rincón de la tierra.

Desde el primer instante millones de personas en todo el orbe estuvimos atentos a lo que ocurriría.

La primera pregunta parecía ser la más lógica: «¿Habrá alguien vivo en el fondo de la mina?» La desesperación de los familiares y amigos de las víctimas, la preocupación innegable del gobierno de Chile, el esfuerzo de cientos de empresarios que luchaban por rescatar a los desaparecidos, el deseo de los medios de comunicación por dar los pormenores de la noticia y el interés de los desafortunados en que los rescataran llegó hasta el último confín del mundo. La atención completa del planeta se volcó hacia aquella lejana y antes insignificante zona de la tierra.

Diecisiete días después del accidente se supieron las primeras noticias acerca del estado físico de los desaparecidos. ¡Una simple mancha de pintura roja en la punta de la barrena que perforó la superficie terrestre hasta el fondo de la gruta accidentada alentó en los rescatistas la esperanza de vida y el deseo de proceder al salvamento a cualquier precio necesario!

Poco tiempo después el presidente de Chile comunicó al mundo el primer mensaje completo trasmitido desde el fondo de la mina por quienes quedaron sepultados vivos: «Estamos bien en el refugio los 33» (La tercera, 2010). Desde ese instante el mundo siguió con profundo interés, minuto a minuto y día a día, el rescate que en poco tiempo se convirtió en uno de los más audaces y costosos salvamentos de la historia. Alrededor de setenta días más tarde, Florencio Ávalos, el primer minero rescatado, llegó al Campamento Esperanza, creado en la superficie de la mina para atender el rescate. El logro alcanzado por la ingeniería y la tecnología modernas hablaba por todas partes acerca de la realización de un descomunal acto de amor contemporáneo. Sin escatimar costos —según los medios oficiales el rescate costó veintinueve millones de dólares—. La operación hizo claro al mundo el valor de un ser humano (Wikimedia Commons, 2010).

Pero, hace más de 2000 años, en una cruz de palestina hubo más que una pequeña marca de pintura roja en una barrena: la sangre derramada en la cruz creó una señal roja que es la esperanza del mundo. Esa marca roja nació cuando el Hijo de Dios derramó su sangre por las heridas que los grandes clavos horadaron en sus manos y pies. El costoso, audaz y sorprendente rescate de los mineros chilenos palidece ante el precio, el riesgo y la trascendencia del salvamento realizado por Jesús en la cruz del Calvario.

Antes que ese rescate ocurriera en Chile, el sacrificio de Cristo trasmitió a la humanidad la posibilidad de una liberación mucho más significativa y costosa. Cuando Jesús murió en la cruz, el universo supo de la maravillosa oportunidad de salvación que se abría para cada ser humano perdido; una liberación que salvaría a más de 33 hombres, porque habría de salvar a miles de millones de seres humanos en toda la redondez de la tierra y a lo largo de la historia humana. El amor de Dios y la muerte de Cristo en la cruz del Calvario rescatarían al universo entero del dominio de Satanás y su hueste diabólica.

Antes de pagar el precio de este rescate y mientras vivía y trabajaba en Palestina, Jesús anunció al pueblo la importancia de que todos comprendieran el inmenso amor de Dios por los pecadores. Cuando caminaba entre quienes lo seguían se preocupaba de mostrar a las multitudes el costo real y la inmensa dimensión del rescate humano que se ejecutaría en la cruz del Calvario, sobre la cual la deidad, comprometida por amor, se sacrificaría hasta la muerte del Hijo de Dios. En medio de ese sacrificio redentor sin precedentes, Jesús relató la parábola de la oveja perdida, registrada por Lucas.

Lucas escribió: «*Se acercaban a Jesús todos los publicanos y pecadores para oírle, y los fariseos y los escribas murmuraban, diciendo. Este a los pecadores recibe, y con ellos come*» (Lucas 15:1, 2). Esta sencilla descripción trasmite las profundas divergencias existentes entre ambos grupos de contendientes; y narra un hecho en común: todos querían escuchar a Jesús.

«Publicanos y pecadores», y «escribas y fariseos», representaban las dos peores clases sociales que se podían señalar en medio de aquella sociedad religiosa. Ambos bandos marcaban el mayor contraste entre los oyentes de Jesús. Eran dos grupos que se alejaban entre sí a distancias opuestas; los primeros se daban a sí mismos por perdidos y los segundos se auto proclamaban salvados; tan seguros estaban de sí mismos que promulgaban su propio ejemplo como la regla espiritual que debían seguir quienes deseaban entrar en el reino de Dios.

Desde hacía mucho tiempo los escribas y fariseos se habían constituido jueces de los demás seres humanos. Se creían presuntos modelos espirituales para la gente e intérpretes de la verdadera religión. Jesús se refirió primero a su amor por quienes parecían más distantes de él entre ambos grupos: los publicanos y pecadores.

¿Quiénes eran los publicanos y los pecadores y a qué se dedicaban? ¿Por qué eran tan despreciados y hasta odiados por los escribas y fariseos? El griego usado en el original da lugar a interpretar que publicanos y pecadores constituían dos grupos diferentes de personas (Nichol, 1990).

Desde tiempos remotos los publicanos eran individuos odiados y despreciados por los judíos. Tres aspectos fundamentales convertían a estos hombres en personas indignas para los judíos: primero, los detestaban porque cobraban los impuestos del censo, lo cual constituía un ultraje en Israel, porque obligaba a los judíos a reconocer que Roma los había sometido. En segundo lugar, los publicanos recaudaban el gravamen sobre la propiedad, tributo muy insultante, dado que los judíos reconocían a Dios como único dueño y señor de todo cuanto existe; y, dentro de su razonamiento, quienes cobraban por el derecho de propiedad se ponían en el lugar de Dios. Pero lo más vergonzoso era que veían a los publicanos como ladrones, porque cobraban más de lo debido para extraer ganancias para sus finanzas personales. Así que los publicanos eran considerados como pecadores aborrecibles y tratados con un desprecio y una repugnancia tal que tanto escribas como fariseos les negaban hasta la más mínima posibilidad de redimir sus pecados (Nichol, 1990).

Dentro de ese grupo también estaban los «pecadores», la segunda categoría de descarriados aludida por Jesús. Este conocido conjunto lo integraban prostitutas, adúlteros, los parias de la sociedad y hasta cualquier persona que no fuera judía. Escribas y fariseos repudiaban, incluso, a quienes no eran de la misma nacionalidad que ellos. Miraban a los publicanos y pecadores como gente muy despreciable en comparación con ellos, que se consideraban a sí mismos como santos e impecables. Publicanos y pecadores representan a quienes reconocen su estado real, pero no saben la manera de salir de la situación personal que los agobia.

Jesús dirigió su primer relato a los publicanos y pecadores: los extraviados fuera de la iglesia. Rebosante de amor y simpatía por esta gente necesitada de perdón y salvación, Jesús relató la dramática historia de la oveja extraviada (Lucas 15:4-6). Con ese relato ilustró Jesús su inmenso amor por los pecadores, que eran un grupo despreciado y abandonado a su propia suerte. Con la idea del pastor que corre tras la oveja perdida, Jesús mostró escenas que ponen de manifiesto algunos de los aspectos más significativos acerca del trato de Dios para con los hijos descarriados.

Amor del pastor por una oveja

La primera escena que salta a la vista describe el amor del pastor por una sola oveja. Su primer acto muestra el amor del pastor por una oveja que se extravió en algún lugar apartado de los desiertos o montes de la vida: «*¿Qué hombre de* *vosotros, teniendo cien ovejas, si pierde una de ellas, no deja las noventa y nueve en el desierto, y va tras la que se perdió?»* (Lucas 15:4).

La escena del pastor que busca a su oveja perdida a cualquier costo posible refiere un acto conmovedor inigualable. Con ella Jesús describió la imagen de un hombre que arriesgó a noventa y nueve de sus ovejas para salir a buscar una oveja desobediente y descuidada que se había extraviado por negligencia propia. La amorosa imagen de la parábola presenta el primer aspecto importante del trato de Jesús con la humanidad caída y alejada de él: El indescriptible amor del pastor por una oveja que se extravió porque quiso. Jesús convirtió la imagen del pastor en el símbolo principal del interés de Dios por quienes están perdidos en los peligros de la mundanalidad humana. Como el pastor arriesga su vida para salvar a una oveja que se descarría en lugares peligrosos, Dios envió a su Hijo para salvar a los pecadores perdidos en el desierto de la vida.

Cristo tomó como ejemplo la inseguridad y la dureza del trabajo de los pastores de Judea. Quienes arriesgaban sus vidas tras las ovejas en lugares donde había poco pasto y montañas escarpadas llenas de abismos y peligros que conducían al árido desierto. En cuyos montes las ovejas deambulaban sin rumbo y sucumbían a los peligros que las acechaban (Barclay, 1995). La escena descrita encierra el ambiente donde se pierde la oveja. Este ejemplo indica que los pastores de Israel rescataban ovejas casi perdidas.

George Adam Smith comentó acerca de la dedicación de los pastores de Judea, y por qué los tomaron como símbolo inequívoco del amor y la constancia por quienes están necesitados y en peligro de muerte: «Cuando lo encuentras en algún cerro en el que aúllan las hienas, insomne, con la vista acostumbrada a la lejanía, curtido por el tiempo, armado, apoyado en el cayado y siguiendo con su mirada a las ovejas esturreadas, con cada una de ellas en el corazón, comprendes por qué el pastor de Judea saltó a la cabeza en la historia de su pueblo; por qué dio su nombre a los reyes y se convirtió en un símbolo de la Providencia; por qué Cristo lo tomó como prototipo del sacrificio» (Barclay, 1995).

De aquel apasionante panorama se desprende la ilustración de Jesús. No aludió solo a su amor por la triste oveja que se extravió, sino que refirió la disposición del pastor a arriesgar hasta el rebaño para salvar a la descarriada criatura, símbolo del pecador perdido. Es curioso que a veces, como dice el himno, cantamos: Las noventa y nueve dejó en el aprisco, y no percibimos que, aunque no las abandonó, sí las arriesgó con tal de salvar a la perdida —Mateo sugiere que las dejó en montes tal vez no tan peligrosos (Mateo 18:12). La verdadera esencia del amor de Dios es que siempre está dispuesto a arriesgar todo por salvar hasta una sola alma perdida. Cuando Jesús tomó el símbolo de una oveja aludió a la necesidad que tenemos de que él nos pastoree.

Cuando yo era niño coleccionaba las pequeñas tarjetas que cada trimestre acompañaban a las lecciones infantiles de la iglesia. Cada tarjeta contenía un cuadro que ejemplificaba la lección de la semana. El propósito de aquellas postales era que los niños comprendiéramos mejor las lecciones que se nos enseñaban en la iglesia. El propósito era que no olvidáramos la lección. Me gustaba mucho la postal que mostraba la escena de «Jesús el buen pastor». En ella observaba cómo Jesús cargaba sobre sus hombros a una pequeña oveja acabada de rescatar de entre los zarzales y malezas, donde habría encontrado una muerte segura. Mientras contemplaba la tarjeta y miraba a Jesús que cargaba a la oveja sobre su hombro, o sobre su pecho, me veía a mí mismo rescatado por Jesús. Me gustaba pensar que Jesús nos compara con ovejas por lo bueno que somos. ¡Cómo nos gusta creer que somos buenos!

A veces me dicen: pastor, «¿pero de qué tengo que arrepentirme, si nunca he hecho nada malo y jamás le hago daño a nadie?» Cuando escucho esa pregunta recuerdo a mis ancestros paternos.

Mi padre había tenido una conversión milagrosa. Su padre había muerto cuando él tenía 18 años. Cuando el padre murió él se liberó de las exigencias familiares que lo obligaban a cumplir con ciertas reglas de convivencia.

Cuando quedó libre de la tutela familiar se entregó a los vicios mundanos: licor, tabaco, drogas y disolución. Los vicios y las malas compañías lo lanzaron en caída libre hacia un abismo de perdición y desenfreno. A partir de ese momento se alejó de su familia durante casi veinte años, los cuales pasó bebiendo licor, fumando cigarrillos hasta de marihuana, y de un modo u otro, participando en delitos de mayor o menor gravedad. Él vivió casi dos décadas en absoluta perdición espiritual.

A los treinta y seis años había tenido treinta y dos juicios. Su conducta desenfrenada llevó a que la sociedad lo considerara una lacra social. Fue en ese instante cuando conoció a Jesús y decidió aceptarlo como su Salvador personal. Su conversión a Cristo produjo en él un cambio que afectó su vida para siempre. Su ejemplo asombró a quienes lo conocieron.

A pesar de ese milagro, durante más de medio siglo ningún miembro de su familia aceptó a Cristo. Eran personas que se consideraban a sí mismos buenos. Algunos de ellos me dijeron: «La religión salvó a tu padre que estaba perdido, pero nosotros, ¿de qué tenemos que arrepentirnos? ¿Qué mal hemos hecho que merezca un arrepentimiento? No robamos, no matamos, no dañamos a nadie; la religión es para quienes, como tu padre, estaban perdidos sin remedio en la delincuencia y los vicios». Se creían buenos.

No eran un caso exclusivo, porque esa es la tendencia humana. Cuando leemos que Jesús nos compara con una oveja, creemos que somos el prototipo de la mansedumbre. No pensamos que Jesús llama oveja a uno que está perdido, y ese no está perdido porque es un inmaculado, noble y manso santito. Se extravió porque fue torpe y desobediente.

Mientras estudiaba y analizaba las características naturales de las ovejas, comprendí que la realidad es otra: cuando se nos compara con ovejas no es porque somos buenos, ni porque merecemos un premio por nuestras acciones, ni siquiera porque somos tan mansos como las ovejas. La experiencia demuestra lo contrario: las ovejas necesitan un guía que las cuide y las conduzca seguras a todas partes porque son deficientes. Las ovejas necesitan un pastor que las guíe porque son casi ciegas y su poca visión les impide descubrir los peligros que las acechan mientras pastan, cuando beben agua o cuando transitan por los polvorientos caminos de los campos. Además, carecen de la agudeza olfativa para percibir el peligro a la distancia. El menor ruido que ocurre en derredor suyo las asusta y las pone nerviosas.

Cualquier movimiento extraño las hace correr y cometen errores, muchas veces fatales. Cuando se apiñan unas contra otras no es porque se aman mucho y desean estar juntas, sino porque usan a sus compañeras como escudo contra el peligro que las asedia. Por eso Jesús nos comparó a ellas.

La experiencia de las ovejas también se observa en la iglesia. Las ovejas de Cristo se asustan por cualquier motivo; parece increíble cómo el más mínimo ruido alarma el rebaño y se percibe en derredor de la iglesia el murmullo del miedo. Temen a todo. Como las ovejas poseen poco olfato, no son capaces, como otros animales, de orientarse por sí mismas y retornar al redil. Las ovejas de Cristo padecen de los mismos defectos y también necesitan la ayuda de un pastor que las guíe. Los seres humanos también necesitamos un pastor que nos guíe en medio de las dificultades del camino. Porque carecemos de las cualidades apropiadas para subsistir en medio del peligro del pecado, que ciega a los culpables y los vuelve vulnerables. El miedo los asusta y temen morir. Muchas veces comprendemos que vivimos casi perdidos.

Los hijos de Dios también tenemos problemas para distinguir entre el bien y el mal, entre lo que daña y lo que beneficia. Existen cristianos casi alcanzados por el peligro que no perciben las circunstancias que los amenazan; porque, como las ovejas, padecen la ceguera espiritual que les impide ver el peligro. Porque como el rebaño, necesitamos un pastor que nos guíe hacia el redil salvador y protector. Jesús disculpa y ama al hombre o mujer que se extravía porque sin la ayuda de él nadie puede desenredarse y encontrar el redil salvador. La oveja no es auto suficiente, sino más bien es una criatura dependiente de su pastor. Así somos las personas que habitamos este planeta. Por eso Jesús nos comparó con ovejas. No lo hizo por nuestra humildad y mansedumbre, sino por nuestras deficiencias.

¿Cómo se sentiría un pastor pastoreando perros, con esa visión tan especial que tiene la especie canina, y sobre todo, con el olfato privilegiado con que Dios dotó a los canes, atributo que casi siempre desarrollan a plenitud? Los perros no necesitan que un pastor los pastoree, porque por sí mismos son capaces de solucionar la mayor parte de sus necesidades vitales. En este sentido se valen por sí mismos; pero la oveja no es un animal auto suficiente.

Las ovejas necesitan de un pastor que las guíe y las conduzca por lugares seguros, donde se le garantice pasto verde, agua fresca y tranquila, y el camino seguro al redil. Las ovejas necesitan andar en rebaños para sentirse protegidas y deben tener un pastor que las guíe y las rescate cada vez que se extravían.

Un hermano de la iglesia me invitó a su casa en el campo. Una tarde me llevó a su finca y me pidió que lo ayudara a encerrar su rebaño de ovejas en el corral donde lo aseguraba durante la noche. Mi trabajo era sencillo, consistía en tirar de un palo que servía de puerta a poco más de medio metro del suelo. Aunque parezca increíble, el palo impedía la entrada libre de los animales al establo.

Mi amigo fue tras las ovejas mientras yo esperaba al lado de la puerta para retirar el palo en el momento apropiado. Las ovejas sabían el movimiento diario y cuando vieron al pastor corrieron al establo a la mayor velocidad que pudieron. Me sorprendió tanto el hecho que olvidé abrir la puerta. La oveja guía corría a toda velocidad. Al ver la puerta cerrada se esforzó lo más que pudo, saltó y cruzó sobre la vara. En el instante del salto retiré el palo y la puerta del redil se abrió para la entrada de las ovejas que seguían al animal jefe. Pero no funcionó. Todas saltaron tras el guía. Después del salto del primer cordero, como guiadas por una computadora, las ovejas que seguían a la oveja líder brincaron del mismo modo. No era necesario que lo hicieran. Pero ellas no supieron que la puerta estaba abierta.

Apenado con mi amigo contemplé como las ovejas repetían la misma acción y caían al suelo atropellándose unas sobre otras. Hasta temí que algunas se lesionaran. Así que pedí disculpas por mi descuido.

Jesús relató la historia de una oveja que se perdió a causa de su ignorancia, de su poca visión para ver el peligro y de su escaso olfato para reconocer el camino verdadero al redil. Es una historia acerca de alguien que cuando le falta el pastor no actúa bien por sí sola, una tímida oveja que comprende su situación de extravío pero que al mismo tiempo es incapaz de retomar por sí misma el camino de regreso a casa. Jesús no justificó ante escribas y fariseos la condición de aquellos que ellos repelían con odio y consideraban sin derecho al cielo; pero les mostró la ignorancia del pecador y la irrevocable necesidad de ayudarlos a encontrar el camino a la salvación.

Con la parábola de la oveja Jesús mostró a la humanidad que necesitamos un pastor que nos ame y busque cuando estamos perdidos. Habló de la necesidad de un obrero que reconozca en una oveja algo más que un insignificante animal, de alguien que sea capaz de intuir una pérdida significativa en el extravío de una intrascendente oveja; no solo porque la ama de verdad, sino porque ahí va todo lo que él representa para aquel que le confió su rebaño. Invitó a que alguien corra en busca de la infortunada oveja y luche hasta encontrarla, y que a pesar de su amor por el rebaño arriesgue las noventa y nueve y encuentre a la perdida.

La historia de la ternura y compasión de un pastor que arriesga su rebaño para salvar a una oveja que se perdió porque quiso, ilustra que nadie es tan insignificante que no merezca que lo busquen donde esté y lo hallen y guíen a la salvación. La Palabra de Dios demuestra que él habría venido hasta por una sola alma. Fue por esto por lo que Jesús mostró a sus oyentes el sacrificio del pastor por la oveja perdida.

Sacrificio del pastor por su oveja

La segunda parte de esta parábola ilustra el sacrificio del pastor por los pecadores perdidos. Esta es una escena mucho más sorprendente que la primera, porque muestra un aspecto más significativo: la acción que conduce más allá del simple amor y llega al sacrificio mismo por parte del pastor. El profundo amor por la oveja, manifestado en el versículo anterior, se sublima de tal modo que parece incomprensible al ser humano normal. Jesús describió su misión terrenal para salvar a una oveja extraviada: «*Y cuando la encuentra, la pone sobre sus hombros gozoso*» (Lucas 15:5).

El versículo describe una escena repleta de amor desinteresado, que describe al preocupado y amoroso pastor sacrificándolo todo para salvar a la oveja que se perdió.

En 1951 el pastor Roy Allan Anderson, predicó ante cientos de pastores un sermón titulado *El llamado del pastor*. En la predicación narró una historia que contrasta con el relato de Jesús en que el pastor pone sobre ambos hombros a su oveja rescatada y regresa feliz. Cierta vez en Australia —decía—, un turista manejaba su carro por las carreteras de ese país.

Pero mientras disfrutaba de los hermosos paisajes de aquel lugar, próximo a la vía vio un rebaño de ovejas que se acercaba. En Australia —contaba Anderson—, esa era una escena común; pero el modo como el responsable conducía aquellos inocentes animales llamó la atención del turista.

Mientras las ovejas avanzaban aprisa a la vera del camino, el hombre que las guiaba vociferaba contra las indefensas ovejas y las golpeaba con un palo. Intimidadas las ovejas asustadas huían de él en tropel. El turista se disgustó mucho al ver la escena. Así que detuvo el auto y gritó:

—¡Eh!, ¡Oiga! Un pastor no maltrata a las ovejas de ese modo.

—Y ¿Quién le dijo que soy el pastor? —replicó el que apaleaba al rebaño—; soy el carnicero, y las llevo directo a la carnicería (Anderson, 1951).

Recuerdo la tierna imagen de un cuadro donde aparece Jesús inclinado por encima de espinos y rocas escarpadas, y se aprecia al Salvador cuando rescata a una oveja extraviada que no sabe cómo retornar al redil. La pintura describe el amor mutuo que sienten el uno por el otro. El Salvador la mira con ternura y compasión, y ella, enredada y desde el fondo del abismo, lo mira a él con la esperanza de que la salve de una muerte segura.

La podría recriminar por el descuido de haberse perdido, pelear por la desobediencia cometida por ella y maltratar a la oveja por el riesgo y el esfuerzo adicional que le causó al pastor y al resto del rebaño. Hasta la podría castigar por el tiempo invertido a causa de la desobediencia de un animal irresponsable. Pero no lo hace.

Rescatados por el amor | 29

Ahí está ella, parada entre las malezas mirándolo esperanzada. Confía en él. Se comporta tan cariñosa como si nada malo hubiera sucedido, como si nada significativo ocurriera en su derredor. El compasivo pastor, en un esfuerzo sobre humano llega hasta ella y la rescata con amor y ternura. Por fin ambos se encuentran y se funden en un abrazo inseparable. Él sufre los pinchazos de las espinas y los rasguños de los arbustos y la toma en sus brazos redentores. Con frases de amor y simpatía, la pone sobre sus hombros y regresa a encontrarse con las noventa y nueve que dejó atrás. Viví en el campo y cuando era niño me relacionaba con estos animales tímidos y escurridizos. Recuerdo el olor penetrante de las ovejas. Son animales limpios, pero no pueden evitar ensuciar sus patas o sus cuerpos con los restos de ciertas suciedades y desechos. Las ovejas descansan en establos que huelen a oveja, y por mucha limpieza que haya en el aprisco ellas casi siempre huelen a establo.

Jesús invita a los pecadores a meditar en el pastor que sin miramientos ni reclamos toma a la oveja perdida y la pone sobre sus hombros alrededor del cuello. A un hombre que ama a una oveja que no huele bien no le importa el olor penetrante de ella; porque es un pastor feliz cuando encuentra a la indefensa criatura y la pone sobre sus hombros. Aunque soporta el penetrante olor y hasta el peso del rebelde animal, es feliz. Porque perder la oveja descarriada lo haría perder más.

Existen perfumes de casi todas las fragancias naturales que el hombre ha descubierto: de rosas, de jazmines y de casi cualquier sustancia que resulte agradable a la fina percepción humana, pero nunca he visto en ninguna tienda un frasco que diga en la etiqueta: *Perfume de ovejas*. Ese no es el olor que prefiere la gente. Sin embargo, al amante pastor no le molesta a qué huele su oveja, la rescata del peligro, la pone sobre sus hombros y retorna feliz a reunirse con el resto del rebaño.

Al cansado pastor no le importa el olor penetrante de la oveja, ni el olor a los residuos del cuerpo del animal, ni tampoco lo agota el peso de la extraviada. No la considera una carga, y en su enorme amor por ella soporta las penurias del rescate con tal de liberarla de una muerte segura. Tolera todo y evita la pérdida que significaría si no rescatara su amada ovejita. Por eso la pone gozoso sobre sus hombros y regresa satisfecho al establo con ella. Cuando vuelve a tener cien ovejas, el número se completa y él es feliz. Es por este amor por lo que la responsabilidad del pastor trasciende en el tiempo. Más que trabajo, es amor verdadero.

Cuando analizo esta escena y miro a la oveja rescatada por Jesús, recuerdo las palabras del rey David: «*Jehová es mi pastor, nada me faltará. En lugares de delicados pastos me hará descansar; junto a aguas de reposo me pastoreará*» (Salmos 23:1, 2). Admiro la comparación que surge de semejante cuadro de amor, e imagino un paisaje mucho más hermoso: veo a Jesús cargándome a mí, y a cualquier ser humano que ha estado en problemas.

Muchas veces medito: ¿A qué olemos nosotros? ¿Le gusta a Jesús nuestro olor? ¿Nos rechazaría, como lo hacen quienes no comprenden el amor de Dios, o nos perdona y nos da una nueva oportunidad?

¿Qué justifica nuestro tonto comportamiento para que él nos ame tanto y nos trate así de bien? Jesús nos ama tanto que nos acepta tal cual somos. Él murió para salvarnos: «*Porque de tal manera amó Dios al mundo, que ha dado a su Hijo unigénito, para que todo aquel que en él cree, no se pierda, más tenga vida eterna*» (Juan 3:16). Para Jesús nunca olemos tan mal que no quiera cargarnos, y nunca nuestras cargas pesan tanto que no quiera llevarlas. Él siempre está dispuesto a ponernos sobre sus hombros sin tomar en cuenta a qué olemos o cuánto pesan nuestras faltas. Él nos llamó del modo más íntimo y prometedor: «*Venid a mí todos los que estáis trabajados y cargados que yo os haré descansar*» (Mateo 11:28). David aseguró: «*Tu vara y tu cayado me infundirán aliento*» (Salmos 23:4).

Pero no son suficientes el amor y el sacrificio del pastor. Jesús ama hasta a una sola oveja que se extravíe; él se sacrificó por todos los pecadores, e incluso lo habría hecho por una sola alma. Por encima del amor que manifestó tras los peligros del desierto y más allá del sacrificio por la oveja, el abnegado pastor también da lugar a otra de las más hermosas y satisfactorias escenas del plan de la redención humana: se goza por el rescate de su oveja.

Gozo del pastor por la oveja encontrada

La tercera escena de la parábola sorprende a los oyentes. A pesar del esfuerzo que el pastor realizó para encontrar a la oveja descarriada y del sacrificio efectuado para rescatarla, también describe una de las mayores y más increíbles escenas de gozo y felicidad: «*Y al llegar a casa, reúne a sus amigos y vecinos, diciéndoles: Gozaos conmigo, porque he encontrado mi oveja que se había perdido*» (Lucas 15:6).

El acontecimiento representa el más valioso cuadro de amor jamás contemplado en este mundo en rebelión. Solo Jesús puede convertir el rescate de un pecador en un milagro digno de aplaudir. Por eso el sacrificado pastor no se conformó con el esfuerzo que hizo en favor de la oveja y el tiempo que invirtió en el rescate realizado. Sino que, sacrificó más de su tiempo y energías, y tal vez hasta de sus recursos financieros. Para él, el verdadero sentido estaba en ver a la oveja perdida salva junto al rebaño.

Así que, llegó a casa, e invitó a amigos y vecinos a celebrar juntos que apareció una oveja cabeza dura y desobediente, tal vez pendenciera, que se perdió porque quiso, y a la que había hallado con mucho esfuerzo y sacrificio. La hermosa escena nos invita a analizar el hecho desde una perspectiva realista; de cuyo análisis se desprenden algunos razonamientos lógicos: ¿Cuánto vale una oveja? ¿Cuál es su precio real? Por ejemplo, calculemos: En mi país, Cuba, si comparamos el valor monetario de una oveja con otros precios del mercado, el importe de una oveja no es tan elevado, ni una oveja es tan importante. Parecería ridículo si alguien encontrara a una oveja perdida en estos tiempos de tantos problemas e invitara a amigos y vecinos a celebrar que halló a su oveja extraviada. Con los enormes problemas que aquejan en la actualidad a los seres humanos, muy pocas personas se solidarizarían con un acontecimiento que apenas les parecería significativo.

Si el dueño de la oveja rescatada les propusiera a sus parientes y amigos celebrar el evento de un modo más llamativo, entonces el gasto de la fiesta sería mucho mayor que las ganancias obtenidas del rescate de la oveja. Puede que en muchos otros lugares del mundo suceda lo mismo. En mi país tildarían de loco a quien se le ocurriera llevar a cabo una celebración semejante.

El mundo en que vivimos es cruel. La humanidad se ha deshumanizado. El amor se ha perdido. Por lo que el gasto que produciría una fiesta de celebración por el rescate de una simple oveja parecería una acción loca y descabellada. Si actuáramos así tal vez nuestros parientes y vecinos, en vez de asistir a la fiesta, nos recomendarían pasar por un psiquiatra.

El relato infiere que la ganancia del regocijado pastor no se limita al incremento económico que pudiera derivarse del rescate del animal, sino más bien en el gozo que se desprende de una realidad moral basada en un amor sin límites, y a prueba de los mayores rechazos y descuidos que jamás recibió persona alguna sobre la tierra: «*Despreciado y desechado entre los hombres, varón de dolores, experimentado en quebranto; y como que escondimos de él el rostro, fue menospreciado, y no lo estimamos. Ciertamente llevó él nuestras enfermedades, y sufrió nuestros dolores; y nosotros le tuvimos por azotado; por herido de Dios y abatido. Más él herido fue por nuestras rebeliones, molido por nuestros pecados; el castigo de nuestra paz fue sobre él, y por su llaga fuimos nosotros curados. Todos nosotros nos descarriamos como ovejas, cada cual se apartó por su camino; más Jehová cargó en él el pecado de todos nosotros*» (Isaías 53:3-6).

Algunos predicadores recomiendan leer este pasaje con un énfasis personal; porque si lo leyéramos en primera persona apreciaríamos mejor lo que Jesús hizo por cada uno de nosotros: «... escondí de él mi rostro, él fue menospreciado por mí, y no lo estimé. Ciertamente llevó él mis enfermedades, y sufrió mis dolores; y yo le tuve por azotado; por herido de Dios y abatido. Más él herido fue por mis rebeliones, molido por mis pecados; el castigo de mi paz fue sobre él, y por su llaga yo fui curado. Yo mismo me descarrié como oveja, y me aparté por mi camino; más Jehová cargó en él todos mis pecados».

El profeta Isaías no pensaba en finanzas, ni en ganancias materiales, ni en los escenarios costumbristas de cada época, sino en el tierno e inmenso amor que Dios siente por sus hijos descarriados; que es un amor tan puro que sale de lo más íntimo del corazón de Dios que «*es amor*» (1 Juan 4:8), y por cuyo amor dio su vida aun por quienes lo mataron. En la parábola de la oveja perdida muchas veces imaginamos a Jesús cargando en sus brazos a un tierno y descuidado corderito. Pero si pensáramos en nosotros mismos, nos percataríamos de que la búsqueda de la oveja perdida más que un asunto financiero es un hecho que se produce como el resultado directo del amor que el amante pastor siente por cada una de sus ovejas.

La fiesta representa el gozo que el alegre pastor siente por el rescate efectuado, y desea compartir su felicidad con sus amigos y vecinos. Jesús sugirió la idea de un gozo que no toma en cuenta los gastos. Parece evidente que el gasto y el esfuerzo realizados para encontrar al animal son mayores que las ganancias recibidas por el rescate obtenido.

¡Cuán grande es el amor de Jesús por el pecador! ¡Aún por quienes permanecen perdidos fuera de la iglesia! La alegría del pastor ilustra la sinceridad del amor y del sacrificio que hace Dios por cada pecador desobediente que se extravía. El rescate de un alma perdida provoca una alegría tan contagiosa que invita a todos a beneficiarse de ella; y es tan formidable ese gozo que la Biblia sugiere *«gozarnos con los que se gozan»* (Romanos 12:15). Por eso en la parábola de la oveja el gozo escapó del escenario terreno y trascendió el ámbito celestial.

Gozo universal por un pecador arrepentido

La cuarta y última escena de la parábola le parece inimaginable a los seres humanos. Trata de un acto que describe el significativo aspecto de la magnitud universal del gozo celestial por el pecador arrepentido. Para ilustrar su amor por la humanidad Jesús tomó como pretexto la pequeña historia que tal vez ocurría a menudo entre los campesinos de aquella época, que sin lugar a duda pudiera repetirse en muchos sitios actuales del mundo.

Pero en el último acto de la parábola, reflexionó acerca de la oveja perdida y de sus engreídos oyentes, y aplicó la lección a una escala universal: *«Os digo que así habrá más gozo en el cielo por un pecador que se arrepiente, que por noventa y nueve justos que no necesitan de arrepentimiento»* (Lucas 15:7).

Es tan grande y completo el gozo que produce en Jesús el pecador rescatado que esa alegría llega el cielo mismo; y aun los seres que nunca pecaron se maravillan de cada victoria redentora alcanzada en el mundo por el Salvador crucificado. El alcance universal del gozo causado por la redención de una sola alma muestra al universo el indescriptible gozo de Dios cuando una oveja es rescatada de los peligros del mundo, de las amenazas del León Rugiente que anda buscando a quién devorar (1 Pedro 5:8).

Jesús resaltó el amor y el gozo del pastor por una simple oveja recuperada por su esfuerzo. Pero si todo quedara allí la parábola no tendría la menor relevancia. El hecho revelador estriba en la certidumbre de que en el cielo hay quienes están pendientes de lo que pasa a cada uno de los pecadores acá en la tierra. Jesús anunció un interés que sobrepasa con creces la perspectiva humana. Él mismo fue enviado a esta tierra para poner el cielo a nuestro alcance, para que entendiéramos mejor cuán grande es el amor de Dios por la humanidad. Isaías lo expresó con claridad cuando dijo: *«He aquí, una virgen concebirá y dará a luz un hijo, y llamarás su nombre Emanuel, que traducido es: Dios con nosotros»* (Mateo 1:23).

Jesús expresó: «*Os digo que así habrá más gozo en el cielo por un pecador que se arrepiente, que por noventa y nueve justos que no necesitan de arrepentimiento*» (Lucas 15:7). Cualquiera puede preguntarse cómo puede este versículo concordar con aquel que parece señalar justamente lo contrario: «*Como está escrito: No hay justo, ni aun uno*» (Romanos 3:10). El propio Jesús señaló: «*El que de vosotros esté sin pecado sea el primero en arrojar la primera piedra*» (Juan 8:7). Los habitantes celestiales trabajan por la redención de cada alma en peligro de perderse. Cuando entendemos esa realidad, comprendemos mejor por qué Jesús reveló el interés del Padre y de la divinidad por cada uno de nosotros.

Jesús utilizó un ligero sarcasmo dirigido a escribas y fariseos «*que no necesitan de arrepentimiento*» (Lucas 15:7). Contrario a lo que el texto parece decir, Jesús declaró que todos necesitamos arrepentirnos si deseamos producir el gozo que se genera en el cielo cuando alguno se arrepiente en la tierra. Jesús le dio un doble significado a la parábola y anunció su amor por el perdido en modo particular y por la totalidad de un mundo extraviado que corre el riesgo de perderse. La oveja perdida representa también a cada persona que corre el riesgo de perderse.

No existe alguien tan justo que no necesite ser rescatado por el divino Pastor, y no existe alguien arrepentido que pueda prescindir del infinito amor y cuidado del Padre celestial. El rescate de cada pecador individual produce un gozo infinito en el cielo. Cuando bautizo a un pecador que viene arrepentido y da su testimonio público, imagino a los ángeles del cielo elevando himnos de alabanza y glorificación a Jesús que nos redime con su sangre.

Jesús aseguró que cada vez que rescata a un pecador de las trampas del pecado el universo celebra gozoso la salvación del que estaba perdido. No solo aludió al gozo inmediato de los ángeles y otras criaturas, sino al deleite final que resultará de la redención de un mundo que estuvo al borde de perderse. Esta parábola demuestra que Jesús ama a todos y que realizará el mayor esfuerzo posible para rescatar a quienes están perdidos fuera de la iglesia. En la despreciable imagen de «publicanos y pecadores» Jesús distingue a la inmensa mayoría de los seres humanos. La parábola de la oveja representa un voto de esperanza para el grupo de extraviados más numeroso de todos cuantos nos rodean: los extraviados fuera de la iglesia.

Por medio de esta imagen Jesús resaltó el maravilloso cuadro del incomparable amor de Dios por los pecadores, y puso de manifiesto que en ella sobresale el riesgo que la deidad corre para salvar a un pecador que se pierde en el desierto de la vida. La oveja de la parábola nos representa a todos.

Cada miembro de nuestra familia vive en la necesidad de que lo rescaten de la perdición que acecha a los pecadores. El mundo celebró con asombro el rescate de los 33 mineros chilenos atrapados por sorpresa en las entrañas de la tierra. Un simple letrero rojo que ellos escribieron en la sonda que procuraba encontrarlos encendió un rayo de esperanza en los rescatistas. En solo 70 días el costo fue millonario.

Una señal roja también se entreteje en la historia de la redención humana, un signo rojo que no fue puesto por quienes esperábamos ser rescatados, sino por el que vino a efectuar el costoso rescate; porque Jesús vino para rescatar a la humanidad a un precio mucho más elevado del que éramos capaces de imaginar, pues efectuó la redención al precio del derramamiento de su propia sangre en la cruz del Calvario.

Las cuatro escenas se abrieron una tras otra ante la mente de los sorprendidos oyentes: el *Amor del pastor por una oveja*, el *Sacrificio del pastor por su oveja*, el *Gozo del pastor por la oveja encontrada* y el *Gozo universal por el pecador arrepentido*. Estas escenas descritas por Jesús ilustran la prueba más evidente del inmenso amor de Dios por los descarriados.

Hoy como ayer muchos tal vez no comprenden que Jesús es ese pastor de la historia. El mundo actual prefiere mejor lo que considera importante de acuerdo con los parámetros establecidos por la sociedad en que vivimos. La fama alcanza con regularidad a quienes se destacan en algunas de las áreas del saber humano: ciencia, arte, deporte, política o cualquier otra cosa que se les ocurra gratificar. O tal vez premiará a quienes realicen alguna hazaña que a otros le parezca que ha trascendido los umbrales de lo que siempre se acepta como normal y corriente.

Sin embargo, la humanidad paga cualquier inimaginable precio por acciones que considera heroicas. Estas pueden ser tragarse una pelota de béisbol, introducirse una espada por el esófago, comer candela, cortarse o traspasarse alguna parte del cuerpo con objetos punzantes, lanzarse de alguna altura insospechada o quien sabe que otra barbaridad. Al punto, que el lema de cierta estación radial deportiva sostiene: «Cualquier acción realizada en el menor tiempo posible puede ser un récord». Pero pocos son los que aprecian el enorme sacrificio realizado por Aquel que vino a rescatarnos del desierto del pecado.

A Jesús no le impresiona lo que para el hombre es medular; porque, por encima de las cosas y los hechos, a él le importan los seres humanos. Con la parábola de la oveja perdida Jesús muestra la esperanza que existe para toda persona, incluso para quienes han caído o se han ido muy lejos, tan lejos que a todos les parece que están perdidos, y que para ellos no existe posibilidad alguna. Porque él vino a salvar a esos que viven despreciados de todos y que se encuentran alejados y sin esperanza, a quienes es necesario traer a su eterno regazo de amor.

No abandones a tu hijo extraviado, ni al miembro de tu familia que se alejó de ti o de Dios. Insiste con amor en su salvación y ponlo en los brazos del eterno Pastor. Jesús te ama y puede salvar a tu familia sin importar cuán duras son las circunstancias que la asedian. El buen pastor que corre tras la oveja descarriada representa la vívida descripción del amor salvador de Jesús por los seres humanos que están perdidos en el árido desierto de la vida y viven enredados entre los espinos y cardos de los vicios y pecados, o viven su vida sin que los hombres los consideren con posibilidad alguna de salvación. Jesús mismo dijo: «*No he venido a llamar a justos, sino a pecadores*» (Marcos 2:17).

Los cuatro actos del relato de la parábola reflejan las enormes necesidades de la humanidad hasta que él venga de nuevo a la tierra. En la aventura del pastor que corre detrás de una oveja desobediente y descuidada que se extravía en el campo de la vida, dejó en claro que nosotros no buscamos a Dios, sino que es Dios quien toma la iniciativa a favor del pecador perdido.

Juan también lo anunció: «*En esto consiste el amor: no en que nosotros hayamos amado a Dios, sino en que él nos amó a nosotros, y envió a su Hijo en propiciación por nuestros pecados*» (1 Juan 4:10), y después agregó «*Nosotros le amamos a él, porque él nos amó primero*» (1 Juan 4:19).

Se ha dicho con certeza: «La eficacia de la salvación no consiste en que nosotros busquemos a Dios, sino en que él nos busca a nosotros. Podríamos buscarlo eternamente por nuestros propios medios, pero jamás lo encontraríamos. Cualquier enseñanza que afirme que el cristianismo no es más que un intento humano para encontrar a Dios pasa completamente por alto el hecho de que Dios es quien busca al hombre» (Nichol, 1990).

No despreciemos el generoso sacrificio que fue hecho por ti y por mí en la cruz. Jesús tomó la iniciativa cuando el ser humano se perdió porque, «*Él nos amó primero*» (1 Juan 4:19). Y porque «*Solo Cristo puede salvar*» (Hechos 4:12). Jesús luchará para salvarte mientras existan posibilidades.

Él sufre el peso de tus cargas y de tus olores extraños, y arriesga todo por ti y por tú familia. Jesús deja a noventa y nueve en el desierto y va tras el que se perdió. Y con un gozo indescriptible exclama: «*Venid a mí todos los que estáis trabajados y cargados, y yo os haré descansar*» (Mateo 11:28). Cada persona puede ser rescatada por el amor de Jesús y él puede colocarla alrededor de su cuello, y hacer que descanse sobre sus hombros de amor. Al ver al Pastor que avanza hacia él, cada pecador puede clamar como lo hizo el poeta Lope de Vega, cuando cantó los siguientes versos compuestos por él:

Pastor que con tus silbos amorosos
me despertaste del profundo sueño,
Tú que hiciste cayado de ese leño,
en que tiendes los brazos poderosos,

vuelve los ojos a mi fe piadosos,
pues te confieso por mi amor y dueño,
y la palabra de seguirte empeño,
tus dulces silbos y tus pies hermosos.

Oye, pastor, pues por amores mueres,
no te espante el rigor de mis pecados,
pues tan amigo de rendidos eres.

Espera, pues, y escucha mis cuidados,
pero ¿cómo te digo que me esperes,
si estás para esperar los pies clavados?

(Barclay, 1995).

Capítulo 2

ENCONTRADOS POR EL AMOR

En el mundo existen monedas con muy escaso valor económico. Las cifras grabadas en ciertos billetes y monedas evocan un contraste ridículo ante el escaso valor que en realidad poseen. Al invertir el dinero sorprende el nimio poder adquisitivo que se les acredita frente a otras divisas. Sus elevadas cifras difíciles de manejar representan partículas decimales de las monedas fuertes que rigen la economía del mundo actual.

Como sucede en muchos países donde la moneda se devalúa, en Cuba, por ejemplo, un peso significa poca cosa más que nada y ocupa el lugar que mucho tiempo atrás ocupaban los centavos. Hace muchos años el peso cubano valía más que el dólar americano, pero ahora un peso funciona como centavos de esta moneda; porque, según el gobierno, que mantiene una equivalencia impuesta, un dólar cuesta decenas de pesos cubanos. Aunque el verdadero cambio del peso frente al dólar tal vez nunca se sepa. Algunos entendidos sobre el tema sospechan que si se calculara de acuerdo con la economía real, el valor de la moneda nacional cubana pudiera ser de miles y hasta de millones de pesos por un dólar.

Hace mucho tiempo los niños pobres y los mendigos usaban los centavos cubanos para comprar golosinas y otras bagatelas con las que saciaban sus escasos caprichos, pero ahora nada se adquiere con un centavo, o con una centena de ellos. El centavo se desvalorizó hasta tal extremo que cuando un cubano tropieza con uno que rueda entre el polvo de la calle, le da un puntapié y continúa su camino. Vale tan poco que muy poca gente dobla la cintura para recogerlo del suelo, y en la mayoría de los casos lo ignoran por completo. Es irrisorio lo que un cubano adquiere en la actualidad, incluso, con un peso, cuyo valor es cien veces mayor que el del centavo. La devaluación monetaria es un hecho que sucede en muchos otros países del mundo. A pesar del escaso poder adquisitivo de un peso, refiero lo que me ocurrió hace más de treinta años, un hecho que me ayuda a mirar el dinero en una dimensión más allá del valor económico que representa una moneda, por pobre que parezca.

Era muy joven y acababa de celebrar en prisión mi cumpleaños número veinte. Estaba preso porque me negaba a portar armas y no trabajaba los sábados. Era un tiempo en que la revolución cubana perseguía toda clase de ideas religiosas y prohibía que los ciudadanos practicáramos cualquier idea que no mostrara un servicio cabal y completo a los postulados marxistas-leninistas del Gobierno. El comunismo me había privado hasta de los más elementales derechos humanos. Pero en la cárcel el ejercicio de los derechos de conciencia era aún más difícil.

No se nos permitía tener más propiedades que un cepillo de dientes, una cuchara y una lata de leche condensada vacía para beber agua. Cuando el reo entraba a prisión lo revisaban y le quitaban lo que llevaba encima, incluyendo hasta el último centavo de los bolsillos. Era un decomiso de propiedades, porque jamás el recluso volvía a ver lo que los oficiales le quitaban al reo al entrar al penal. La rapiña es la esencia del comunismo.

Pero a pesar de que no me permitían llevar dinero en la prisión, tuve un peso cubano conmigo mientras estuve preso. Lo tenía por dos razones: una porque era mío y me resistía a que me lo robaran, y otra, como fondo de emergencia por si en algún momento lo necesitaba. Lo difícil fue conservarlo en cada uno de los registros por sorpresa que hacían a los reclusos.

En la misma entrada de la prisión del *Acueducto de Camagüey* observé que al detenido le cambiaban la ropa por un traje de preso, pero le dejaban puestas las botas rusas que llevaba. Así que mientras estaba en la fila, de más de veinte reclusos que ingresábamos juntos, para dar los datos personales que exigían a la entrada, me saqué las botas de los pies y en presencia de los guardias las sacudí contra el piso como si las limpiara de alguna piedra del camino que me molestaba. En presencia de ellos las revisé por dentro con calma y cuando se acostumbraron a verme con las botas en la mano y se distrajeron con otros presos, levanté la plantilla de una de ellas, saqué el peso del bolsillo, lo coloqué bajo la plantilla y me calcé las botas otra vez.

En prisión me percaté de que las botas no eran el mejor lugar para preservar mi fortuna. En las galeras no permitían dormir con los zapatos puestos. Había que quitárselos y dormir abrazado a ellos para que otros presos no los robaran. Todas las mañanas amanecían reclusos descalzos porque les robaban los zapatos mientras dormían. Rara vez los recuperaban. Muchos vivían descalzos hasta que consiguieran otro par, la mayoría de las veces robado a otro cautivo. Imperaba la ley del más fuerte. Así que decidí cambiarlo de sitio. Necesitaba guardar mi dinero en un lugar más seguro y con menos posibilidades de ataque.

Elegí poner mi dinero en el pantalón. El pantalón de preso era de una tela gruesa azul Prusia, parecida a la de un pantalón vaquero o bluyín (pantalón de mezclilla) actual, que en Cuba llamaban pitusa. No tenían cinto, porque algunos presos se ahorcaban si se los permitían tener.

De arriba abajo, a cada lado, el pantalón tenía una franja de tela cocida de la misma tela, pero con el lado de revés para afuera; la parte clara para afuera avisaba de la presencia de un preso. Le practiqué un ojal en la parte de arriba, junto a la cintura, y convertí aquella franja distintiva en un bolsillo largo y estrecho a cada lado del pantalón.

La pequeña hendidura estaba por dentro en la parte de arriba del pantalón, así que, enrollé el billete lo más que pude y lo introduje dentro de la cinta del lado derecho del pantalón. Aquella cinta era la señal que distinguía a un preso de un ciudadano civil que se vistiera parecido. Si el recluso escapaba de prisión debía retirar las franjas o era delatado al instante por ellas donde quiera que lo vieran. Todos sabían el significado de aquella señal.

Allí oculté mi pequeña suma durante cada registro perpetrado contra mi persona por la guardia carcelaria. Cada vez que cambiaban la ropa, cada quince días o más, repetía el mismo proceso en el nuevo pantalón. Los feroces sicarios nunca encontraron el maltrecho peso que con mucho riesgo cambiaba de lugar en mi ropa cada vez que realizaban una de las tantas requisas a que nos sometían en prisión.

Pero una noche ocurrió lo que había evitado durante meses. Desperté sobresaltado del sueño sutil con que mi cuerpo descansaba en un insomne letargo entre dormido y despierto. Tenía la impresión de que habían tocado mi cama. Era como si la hubieran movido; pero la cama tenía tres pisos y yo estaba en el del medio. Un recluso dormía abajo y otro arriba, tal vez se habían movido, pensé, pero me bajé de la cama a inspeccionar si me faltaba algo.

Los ladrones robaban en la oscuridad mientras los presos dormían. Se llevaban las sábanas, los zapatos, pantalones, camisas, cepillos de diente, pasta de diente, jabones de baño, cigarrillos, que era lo que más les interesaba, o cualquier cosa que encontraran a su paso. Todas las noches más de un prisionero gritaba que le habían robado alguna de las escasas pertenencias que poseían. Amanecían sin sabanas o sin ropa. O sin nada puesto.

Revisé y las sábanas de mi cama todavía estaban sobre el colchón atadas por las esquinas a la estructura de la cama de hierro. Así que levanté el colchón para ver si mi ropa estaba entre este y la maya de alambre que hacía de bastidor; pero faltaba el pantalón. Lo robaron mientras dormitaba. El ladrón lo sacó de debajo de mi cabeza, donde lo guardaba aprisionado entre el colchón y los alambres del bastidor de la cama.

Con esta pérdida también desapareció el único recurso financiero de emergencia que me quedaba. Había perdido un billete que para mí significaba mucho, pero que para personas en circunstancias diferentes habría tenido un valor irrelevante. El verdadero valor de aquel peso consistía en que era el costo del pasaje desde la prisión hasta mi hogar, el sitio más anhelado del mundo en ese instante de mi vida. Lo encontraría. No me resignaba a perderlo sin que tratara de encontrarlo. Aunque sabía que la tarea era una lucha contra lo imposible. Oré a Dios.

Las reglas prohibían a los reclusos moverse de sus barracas antes de las seis de la mañana que tocaban la campana para quince minutos de aseo personal, el pase de lista y el desayuno. En ese momento debía de estar vestido en la formación.

A pesar de la oscuridad, busqué el pantalón dentro de la galera. Alrededor de trescientos reclusos dormían, dormitaban o se hacían los dormidos. Caminé por los pasillos interiores mirando donde las rejas de hierro dejaban pasar los rayos de luz que irradiaban las luces externas del penal. No lo encontré. Decidí salir de la barraca y buscar en otros sitios.

La madrugada estaba oscura. La única bombilla de la barraca estaba apagada. La puerta estaba cerrada y el jefe de galera dormía al lado de ella.

Solo estaba permitido salir a los baños que estaban fuera. Pero caminé en la oscuridad en ropa interior, abrí la puerta, salí y la cerré.

En la oscuridad salía afuera y hacía mucho frío a esa hora de la madrugada. Vagué medio desnudo y tiritando de por los oscuros pasillos de concreto. Di la vuelta a la barraca por fuera y revisé las rejas, a veces los presos colgaban en ellas lo que no les hacía falta. Pero tampoco lo encontré.

No me di por vencido. Todavía quedaba tiempo antes de que sonara la campana para levantar a los prisioneros. En el área convivíamos más de 500 reclusos, que a esa hora de la madrugada aún dormitaban en sus literas. Cualquiera de ellos era el ladrón; pero desconocía el motivo del hurto. Debía ampliar el área de búsqueda, pero salir de mi área era una violación punible. Aunque algo me decía que siguiera adelante.

Antes que amaneciera me dirigí a la barraca de al lado. Caminé alrededor de ella en medio de la penumbra que provocaban los faroles de mercurio que nos rodeaban. Por fin vi un trapo que colgaba de los barrotes de acero de una ventana que había en una de las paredes laterales del albergue atiborrado de prisioneros.

Caminé desconfiado hasta el lugar y lo tomé. Fue un riesgo. Si me sorprendían podían acusarme de ladrón, pero no había otra salida que intentarlo. Examiné aquellos harapos y era mi pantalón. Tal vez no era la talla del ratero, o no encontró en él lo que buscaba. No sé por qué lo abandonó. No lo podía creer, en la cárcel nada de lo que se perdía aparecía jamás.

Caminé aprisa, entré a la barraca y me subía a la cama otra vez. Estaba ansioso, revisé la franja derecha del pantalón y el billete todavía estaba en el escondite secreto que había inventado. Agradecí a Dios por el milagro.

Cuando uno lo pierde todo, hasta la libertad, es feliz con lo mínimo que posee. Cualquier insignificancia le parece mucho. Fui feliz por dos pequeñas victorias: encontré un pantalón harapiento que en ese instante era irreemplazable, porque significaba la diferencia entre andar vestido o desnudo; y además, recuperé el dinero que había perdido, un simple billete de un peso con el que apenas se podían adquirir, en caso de que saliera en libertad, un pasaje para viajar a casa, unos pocos caramelos o un pequeño bocadillo para mitigar el hambre. Una de estas posibilidades, no más.

Encontrados por el amor | 41

Aquel billete tenía una historia. No era un simple peso. Contenía todos mis recursos dentro de la prisión. Me había acompañado durante mucho tiempo y garantizaba mis medios para regresar a casa si lograba salir de la cárcel. Todavía hoy, cuando animo a la gente a no claudicar jamás, les digo: nunca lo he perdido todo, cuando menos tuve me quedaba un peso. Jamás pierdas la fe en el triunfo. Luchar vale la pena.

Cuando recuerdo ese simple incidente pienso en el valor relativo de las cosas. Porque este va más allá de su valor intrínseco. A veces el valor simbólico es mucho mayor que el físico. Muchas veces las cosas no valen lo que representan, porque a veces existen otros valores inherentes a su existencia. Esto fue lo que Jesús enseñó en la parábola de la moneda extraviada.

En la parábola de la oveja perdida Jesús demostró cuánto amaba a «publicanos y pecadores», gente odiada por todos y despreciados por los «escribas y fariseos». Repudiados por la sociedad. Pero Lucas mencionó cuatro clases de destinatarios de los mensajes de Jesús y de las enseñanzas que involucran al capítulo quince de su evangelio. Después de los «publicanos y pecadores», que eran los extraviados fuera de la iglesia que Jesús comparó con la oveja perdida; también mencionó a los «escribas y fariseos». Estos últimos vivían extraviados dentro de la iglesia y no lo sabían. No se daban cuenta de que estaban perdidos y su situación era peor que la de los «publicanos y pecadores». Porque los «escribas y fariseos» creían que ningún ser humano los superaba en santidad y servicio a Dios.

Así que la parábola de la oveja no aludió a los escribas y fariseos de forma directa, porque no se daban cuenta de su condición espiritual. Para advertirlos Jesús relató la historia de la mujer que perdió una moneda dentro de su casa.

Jesús desea que todos comprendan su interés por cada alma en riesgo de perderse. Quiere que aceptemos el rescate que él puso al alcance de la humanidad para que nazcamos como hijos verdaderos de Dios. Así que decidió ilustrarlo de tal manera que hasta quienes se creyeran santos se sintieran aludidos.

La parábola de «La moneda perdida», involucra un llamado de Jesús a quienes se creen perfectos y dueños del destino del resto de los pecadores. Con esta parábola Jesús logró que los oyentes meditaran en los aspectos sobresalientes de su misión en esta tierra.

La parábola de la moneda perdida da la impresión de que enseña las mismas lecciones que la parábola de la oveja perdida. Pero la mayoría de los estudiosos concuerdan en que esta otra parábola expone el amor de Jesús por quienes están extraviados dentro de la iglesia. Cristo la dirigió a gente que ha perdido de vista la verdadera relación con Dios y no se da cuenta de su precaria situación espiritual. El relato de la moneda tiene algunos puntos afines con la primera historia, pero mientras aquella aludía a los «publicanos y pecadores» perdidos lejos de la iglesia y en los desiertos de la vida; esta, «La moneda perdida», encarna la situación espiritual del segundo grupo, el de los «escribas y fariseos», quienes se creían más santos que los demás y no se percataban de la condición que los embargaba.

Quiénes eran y de dónde surgieron los escribas y fariseos. Se conocen muchas versiones al respecto.

La primera persona de que se tenga memoria que llevó el título de «escriba» fue Esdras (Esdras 7:6). Después se le llamaba escriba a quienes estudiaban y enseñaban la voluntad de Dios al pueblo. Eran maestros estudiosos de las Escrituras.

Los escribas se contradecían entre sí, por lo que formaron distintas escuelas con diferentes tendencias de interpretación. Por lo regular los escribas pertenecían al partido de los fariseos. En los días de Cristo algunos de estos estudiosos fueron miembros de influencia dentro del Sanedrín, el órgano directivo del judaísmo (Orrego, 1995). Los escribas surgieron con buenos propósitos, pero poco a poco perdieron de vista el verdadero sentido de la religión y la fe.

Según parece, los fariseos surgieron después del cautiverio babilónico. Derivaron de los primeros judíos cautivos que reconocieron sus pecados y retornaron a la fe verdadera. Nacieron como una respuesta a los llamados al arrepentimiento que algunos líderes realizaron en Babilonia con el objetivo de rescatar al pueblo apostatado. Esdras desempeñó un papel importante en conducir al pueblo a una conversión al Dios verdadero.

El Dr. George R. Knight comenta que «fariseo» significa «los separados», y que se organizaron en el segundo siglo a. C. (Knight, 1998).

También se conoce que durante el período intertestamentario, casi dos-cientos años antes de Cristo, los fariseos se autodenominaban los «compañeros», en hebreo *jabêrim*; o los «santos», en hebreo *qedôshim*. Y se piensa que descendían de los *jasidim* (*jasidim* o *asideos*), que significa los «píos».

Los fariseos luchaban por atesorar la pureza de su fe contra las influencias filosóficas del paganismo griego. A pesar de que se calcula que en los días de Cristo había solo unos seis mil fariseos, ellos fueron el partido más influyente dentro de su pueblo. Hasta los conquistadores extranjeros los respetaban (Orrego, 1995).

Como los escribas, los fariseos surgieron animados por buenos propósitos. Según el propio Knight, algunos puntos positivos de su celo religioso son encomiables: eran amantes y defensores de la Biblia como la Palabra de Dios y resaltaban «su amor y dedicación a la ley de Dios»; pero fallaron en que llevaron su fidelidad hasta tal extremo, que «predicaban 1,521 reglas orales solamente para el sábado». El Dr. Knight los describe como «diezmadores enérgicos y sacrificados, que apartaban hasta cada décima hoja de comino y otras hiervas de jardín»; ni siquiera tocaban lo inmundo y sed estacaban por «su celo misionero y evangelístico». Los fariseos esperaban con ansiedad la venida del reino mesiánico (Knight, 1998).

Semejantes a los escribas, su religión derivó en una serie de distorsiones que se oponían al verdadero sentido de la verdadera fe. Knight sostiene que crearon una religión «cuyo énfasis principal estaba en el mérito humano y en su tendencia a criticar y aun perseguir a quienes no alcanzaban la norma que ellos adoptaban e imponían a la iglesia» (Knight, 1998).

Tanto escribas como fariseos surgieron con buenos propósitos, pero su afán por superar en todo a los demás y en forma particular en cuanto a la «santidad», condujo a que perdieran de vista el verdadero objetivo de la fe: el amor. Junto con esa indiscutible pérdida también perdieron de vista el verdadero camino hacia la salvación. Por eso no comprendían la misión redentora de Jesús y se enfrascaron en combatirlo por todos los medios a su alcance.

Jesús fue directo: «*¿O qué mujer que tiene diez dracmas, si pierde una dracma, no enciende la lámpara, y barre la casa, y busca con diligencia hasta encontrarla? Y cuando la encuentra, reúne a sus amigas y vecinas, diciendo: Gozaos conmigo, porque he encontrado la dracma que se había perdido. Así os digo que hay gozo delante de los ángeles de Dios por un pecador que se arrepiente*» (Lucas 15:8-10).

¿Qué es una dracma? ¿Qué valor monetario posee en sí misma una dracma? La tabla de pesos y medidas registra que un denario representaba el salario de un jornalero para un día de trabajo, casi 4 gramos de plata. Por lo que una dracma, que pesaba 3,6 gramos de plata, casi equivalía a un denario. Diez dracmas constituían el salario de casi diez días de trabajo de un jornalero de aquella época (Casiodoro de Reina y Cipriano de Valera, 1960).

Jesús habló de una pequeña moneda perdida dentro de una casa sin luz Las casas judías eran «edificaciones de piedra y techo de barro sin ventanas, y con una sola puerta en el frente de la casa. No tenían muebles dentro, sino que en el suelo interior acomodaban esteras de paja que servían de cama a los miembros de la familia que vivían en ellas» (Nichol, 1990).

En medio de ese ambiente de oscuridad y estrechez Jesús colocó algunas lecciones importantes para los que estamos en la iglesia y a veces lo olvidamos a él. Puso decisiones amorosas del Padre en el accionar de una mujer que perdió una significativa pieza monetaria que deseaba encontrar de todo corazón. Además, ilustró en ella las iniciativas que toma Dios para encontrar a quienes están perdidos dentro de la iglesia.

Enciende una lámpara

Jesús dijo: «*¿O qué mujer que tiene diez dracmas, si pierde una dracma, no enciende la lámpara?*» (Lucas 15:8a). La primera iniciativa de aquella mujer fue encender una lámpara. Ella tenía que esforzarse para encontrar una pequeña moneda dentro de una casa oscura. Debía trabajar con ahínco hasta hallar un objeto que no podía cooperar con su propia búsqueda. La mujer de la parábola lucharía hasta que encontrara el pequeño cuerpo de metal que en sí mismo no era capaz de percatarse de su propia condición; porque la moneda no percibía que se había perdido.

Para una mujer casada las diez dracmas poseían un valor mayor que el salario de diez días que probablemente representaban. Por encima del valor financiero clásico de cualquier moneda, las diez dracmas poseían un precio sentimental que podía ser mucho más considerable que el poder adquisitivo que ellas pudieran tener como simples monedas que eran. William Barclay argumentó que en los días de Jesús existían costumbres que aumentaban el interés de una dama por encontrar una simple moneda extraviada. Porque, por encima del valor económico de la dracma perdida de la parábola de Jesús, estaba el valor que le confería el importe simbólico que la pequeña moneda ostentaba. Barclay aseguró que tal vez el romanticismo estaba envuelto en el asunto, y afirmó que «el adorno de una mujer casada era una diadema formada por diez moneditas de plata enlazadas con una cadenita de plata»; y que esa prenda equivalía al anillo de boda de nuestra sociedad, «cuyo valor simbólico» está por encima del verdadero precio.

Atestiguó que aquella prenda «se consideraba algo tan personal que no se podía expropiar por deudas». Barclay concluyó que la dracma del relato de Jesús «tal vez trataba de una de esas monedas, y la mujer la buscaba, como una mujer casada buscaría ahora su anillo de boda» (Barclay, 1995).

Por su parte, Guillermo Hendriksen escribió que «la mujer puede haber llevado las diez dracmas en una cadena alrededor del cuello, o atadas a un pañuelo». Sugirió que no importa si se rompió la cadena o se desató el pañuelo, porque lo que interesa es que una moneda altamente simbólica estaba extraviada y había que encontrarla (Hendriksen, 1994).

Los que menos importan al interpretar esta parábola son los detalles del caso. Con esta historia Jesús ilustró la necesidad que tenía aquella mujer de encontrar una moneda que se le había perdido. Una moneda que en sí misma no sabía que estaba perdida, pero que se extravió dentro de su propia casa.

Una dracma extraviada dentro de una casa con la estructura mencionada puede ser difícil de encontrar. Era casas de piedra sin ventanas, por ende, oscura en pleno día; y tenían el piso también de piedra, por lo que este estaba repleto de hendiduras entre una laja y otra. Luego estaban los posibles restos de paja esparcidos por las esteras en las que dormían, que se disimulaban en la oscuridad penumbrosa por la falta de luz natural; pero que, imposibilitaban una simple búsqueda. Es posible que nada era fácil de hallar en semejante ambiente, ni parece que fuera una tarea sencilla para nadie. El ambiente convertía el trabajo de la atribulada mujer en una tarea que se debía realizar con esmerada dedicación.

Pero por medio de aquella mujer Jesús ilustró el interés de Dios por rescatar a quienes están perdidos dentro de la iglesia. La lámpara que la mujer encendió alude a la manera como el Padre ilumina con su Palabra hasta encontrar a quienes ignoran su propia condición espiritual y viven perdidos dentro de la casa de Dios.

Existen algunos aspectos interesantes acerca de la enseñanza de la moneda perdida. William Barclay aseguró que representa a quienes se pierden en «sus faltas y pecados, pero no comprenden su condición, porque viven apartados de Dios, pero no lo saben», y «sus almas están en peligro, pero son inconscientes e indiferentes». La oveja se alejó del rebaño y se perdió en el desierto; pero, una moneda perdida en la casa estaba cerca y lejos. Cristo enseñó que estas personas necesitan que se las busque con amor, interés y dedicación esmerada.

Es posible que la casa represente a la iglesia. Pero lo más importante es que una moneda perdida no se da cuenta de sus circunstancias, no es capaz de realizar algún esfuerzo por sí misma y no puede encontrar el camino que la devuelva al que la perdió.

Para encontrar una moneda extraviada dentro de una casa oscura se necesita luz, una iluminación que revelara cada rincón de la casa ante los ojos ansiosos de la dueña que la busca con interés. Con ella revisó cada rincón, escarbó en las rendijas del piso, limpió y rebuscó en toda la casa y encontró su moneda. Así mismo hace Dios con los perdidos dentro de su iglesia. A veces los hijos de Dios se pierden en la oscuridad del pecado. Viven una vida religiosa colmada de falsas percepciones y de filosofías humanas, que ni siquiera ellos mismos perciben con claridad. Las tinieblas envuelven su situación personal y no verán su realidad a menos que los ilumine la lámpara divina; la Biblia.

La búsqueda de la moneda perdida dentro de la casa de aquella mujer enfoca la realización de un esfuerzo específico para salvar a quien no es tan especial. Alguien a quien Jesús compara con un pequeño objeto de escaso valor financiero, con una simple moneda poseída por una persona que la aprecia, la ama y la quiere recuperar. La acción de la mujer enseña la importancia de realizar un esfuerzo concreto por quienes están vacíos y fríos como la moneda, cuyas vidas glaciares les impiden darse cuenta de su indiferente y muerta existencia.

Escribas y fariseos escucharon esta parábola. Parados ante Jesús percibieron como el Maestro describió la condición espiritual que los descalificaba ante Dios, pero muchos no dieron la importancia debida a la declaración del que había venido a morir por ellos para salvarlos. Porque estaban perdidos dentro de sus propias filosofías e interpretaciones. Tan extraviados estaban, que vigilaban y perseguían con intención de matar al que estaba ahí para salvarlos.

Los escribas y fariseos no eran creyentes santos como aparentaban ser. Se destacaban como legalistas y santurrones que vegetaban en la hipocresía más repugnante e insoportable. Estaban convencidos de que eran los hombres más convertidos y mejor preparados del mundo en la esfera espiritual.

Se constituían a sí mismos en jueces de los demás seres humanos que los rodeaban. Condenaron hasta al propio Jesús, a quien acosaban y culpaban todo el tiempo. Eran fanáticos irreflexivos; Jesús los llamó «*¡Guías ciegos! ¡Insensatos y ciegos! ¡Necios y ciegos! ¡Guías ciegos que tragan el mosquito y cuelan el camello!*» (Mateo 23:16-24).

Practicaban hasta las pequeñeces más insignificantes que se les ocurrían cuando interpretaban las Escrituras. Aplicaban esas conjeturas erróneas a la vida religiosa, pero ignoraban los aspectos más importantes de las enseñanzas divinas. Algunos ejemplos parecen ridículos.

Colaban el agua de los aljibes con un paño de lana que les evitaba el probable riesgo de que se tragaran un gusarapo —una larva de mosquito—, que, según sus convicciones personales, los habría dejado inmundos hasta la puesta del sol. Pero la vida de muchos fariseos estaba llena de odio hacia el prójimo, incluso, hacia Cristo. Padecían pecados como el rencor hacia quienes los ofendían, la envidia hacia quienes poseían más que ellos y los celos hacia quienes los superaban; porque vivían orgullosos de sentirse mejor que el prójimo. En fin, eran víctimas de la maldad que el pecado produce en el ser humano que elige las formas religiosas en lugar de Cristo. No tenían a Cristo en sus vidas. Fue por eso por lo que Jesús aplicó el vidrio de aumento y les dijo: «*Tragan el camello y cuelan el mosquito*»; y los acusó de ser «*sepulcros blanqueados*»; muy bonitos y relucientes en el exterior, pero por dentro repletos de podredumbre (Mateo 23:27).

Con esta comparación les dijo que vivían en la más absoluta hipocresía religiosa y en las más completas tinieblas espirituales. Los escribas y fariseos practicaban un método equivocado de relación con Dios. Por lo que Jesús deseaba probarles que la salvación por obras es una vía errónea para alcanzar el cielo.

Lo más probable es que allí hubiera muchos otros fanáticos que también se creían salvados por las formas de culto que guardaban con rigor eclesiástico; pero que también ignoraban que con ellas rechazaban a Cristo, el único y verdadero camino hacia la salvación.

Hoy también existen seguidores de Jesús enfrascados en los detalles y pequeñeces insignificantes de lo religioso, muchas veces sin importancia real; son gente que sustituye a Cristo, el verdadero centro del evangelio y el único Salvador, por los atractivos y la vanagloria de la justificación por obras. Jesús desea iluminar a sus seguidores. Él pretende que todos en general seamos iluminados por la verdadera luz del evangelio.

Desde antes que Jesús viniera a la tierra se sabía que él es la luz del mundo. Isaías profetizó del Hijo de Dios encarnado cientos de años antes que Jesús viniera a morir a esta tierra: «El pueblo que andaba en tinieblas vio gran luz; los que moraban en tierra de sombra de muerte, luz resplandeció sobre ellos» (Isaías 9:2). Y el propio Jesús aseguró: «*Soy la luz del mundo; el que me sigue, no andará en tinieblas, sino que tendrá la luz de la vida*» (Juan 8:12); y él mismo agregó: «*Yo, la luz, he venido al mundo, para que todo aquel que cree en mí no permanezca en tinieblas*» (Juan 12:46). Jesús es la luz del mundo.

El salmista también dijo que la Biblia es la «*lámpara de Dios que alumbra nuestro camino*» (Salmos 119:105). Pudiera pensarse que el candil encendido por la mujer que busca una moneda extraviada en la casa sugiere la necesidad que tenemos de encender en nuestras vidas la lámpara de la palabra de Dios. Jesús desea que la luz de Dios brille en el mundo con intensidad suficiente hasta que ilumine nuestras vidas con luz celestial. Es Dios quien desea iluminarnos con la verdad de su palabra hasta que las tinieblas espirituales desaparezcan de nuestras vidas. Necesitamos que él nos irradie con la palabra divina para que descubramos la basura que nos impide encontrarnos con el Dios santo que nos ama y desea salvarnos.

La Biblia es la luz que cuando nos ilumina muestra a Dios que nos guía a través de ella para que nos demos cuenta de que él está ahí buscándonos con apremio. Cuando la luz de su palabra nos alumbra, nos unimos en relación plena con las enseñanzas de Dios y disfrutamos del amor divino que nunca falla, porque jamás deja de indagar por nosotros. La palabra de Dios es la única lámpara que puede iluminar cada rincón de la conciencia humana pecadora.

Ningún pecador es ni será perfecto en esta tierra de pecado. Un profesor dijo en clase, «El perfeccionismo es de origen diabólico», y agregó: «Las obras son un intento desafortunado de ganar la redención, porque la salvación por obras no es más que una aberración satánica del evangelio.

Las religiones paganas hacían todo para agradar a sus dioses. Los cananeos y otros idólatras paganos hasta pasaban por fuego a sus hijos delante de sus falsos dioses, y los antiguos griegos se mataban unos a otros; todo eso lo hacían mientras procuraban dar lo mejor de sí a sus inconscientes y fríos objetos de culto». Como los adoradores paganos, los escribas y fariseos estaban tan enceguecidos en sus propias filosofías e interpretaciones que Jesús deseaba iluminarlos con la diáfana luz de su palabra.

Ahora también existen personas que necesitan que la palabra de Dios las ilumine. Aún dentro de las filas del evangelio existen quienes están perdidos en sofismas humanos, filosofías esotéricas, detalles culturales y apariencias de religión, que algunos teólogos llaman: «Asuntos de la periferia».

Esta gente abandona a Cristo y sigue filosofías que no representan nada medular ni significativo para el crecimiento espiritual. Como los escribas y fariseos de antaño, son creyentes que han dejado a Cristo, el centro del evangelio, para extraviarse en las insignificancias de los conceptos e interpretaciones humanos. Hoy también existen personas ciegas con sus propias y vanas teologías; son personas cuya propia condición les impide ver la verdadera luz y encontrar el auténtico camino a Cristo. El propio Jesús refirió en esta parábola que Dios ilumina la oscuridad de la vida de cada pecador y se esfuerza cuando trata de rescatar a quienes están perdidos y ni siquiera se dan cuenta.

Jesús enseñó que algo se puede y se debe hacer por quienes se extravían dentro de la iglesia. Sugirió que «el cuidado con que la mujer buscó la dracma perdida les enseña a los seguidores de Cristo una lección con respecto a su deber hacia los que yerran y se extravían de la senda recta». Porque fue por esa razón que «la mujer encendió su candil para tener más luz, y luego barrió la casa y buscó diligente hasta encontrar la moneda». Eso mismo hace Dios con cada alma perdida. Él quiere que cuando los pecadores no se den cuenta de su condición, tomen la lámpara de la palabra de Dios y miren a Jesús, porque él es la luz del mundo.

Barre la casa

Jesús continuó: «*Barre la casa*» (Lucas 15:8b). Como segunda iniciativa para encontrar la moneda la mujer limpió la casa. Lo más difícil para quienes iluminan sus vidas con la palabra de Dios y luego desean seguirlo es barrer la basura que estorba que se encuentren con Jesús. En la carta a los filipenses Pablo se refirió a lo que valen las cosas del mundo en comparación con los bienes espirituales, cuya diferencia expresó de un modo tajante: «*Y ciertamente, aún estimo todas las cosas como pérdida por la excelencia del conocimiento de Cristo Jesús, mi Señor, por amor del cual lo he perdido todo, y lo tengo por basura para ganar a Cristo*» (Filipenses 3:8).

Pablo recordó que para ganar a Cristo él barrió antes con la basura que estorbaba ese propósito; y aún llegó más lejos, porque la palabra que en este versículo se traduce «basura» es *skúbalon,* que también significa «desecho»; pero, que se puede referir incluso a «desechos humanos y de animales», o a «los desperdicios que se tiran de una mesa», en cuyo sentido lo toma el traductor del texto (Nichol, 1990). Pero lo que realmente importa es que Pablo creyó que todo cuanto nos impide acercarnos a Jesús sin obstáculos se lo debe tratar como estiércol, basura o desechos. A los seguidores de Cristo les es imposible reciclar los desechos de la vida sin ayuda sobrenatural. Es Dios mismo quien otorga la fuerza para vencer, y esto se logra cuando llegamos a ser dependientes de Jesús en todo.

El joven rico que Jesús invitó a que lo vendiera todo y lo siguiera fue uno de los que no estuvo dispuesto a eliminar de su vida lo que le estorbaba para seguir a Cristo. Jesús le pidió a él que se deshiciera de todo cuanto le impedía que alcanzara la meta de seguir la voluntad de Dios para él, pero la Biblia registra que el joven hizo lo contrario, por lo que Mateo afirma: «*Oyendo el joven esta palabra, se fue triste, porque tenía muchas posesiones*» (Mateo 19:22).

En cierta ocasión le recordé la experiencia funesta del joven rico a un joven que deseaba seguir a Cristo, pero que se negaba a deshacerse de las cosas que estorbaban su decisión. Él muchacho dijo: «Pastor, ¿no le parece que Jesús fue muy duro con el joven rico? Piense en lo que le pidió, a nadie más Jesús le exigió tanto, yo creo que Jesús trató demasiado duro al joven rico».

Le recordé que todos los que seguimos a Cristo hemos obedecido invitaciones semejantes a la del joven rico. Le mostré que cada persona que sigue a Cristo ha tenido que barrer con lo que estorbaba a esa decisión tan importante. Le mencioné a Pedro y a su hermano Andrés, a Leví Mateo, a Zaqueo, y a los demás. Todos los seguidores de Jesús dejaron lo que les estorbaba para seguir a Jesús como es debido. Al llamado de «sígueme», Pedro y Andrés dejaron la barca y unas redes remendadas (Mateo 4:20); pero esas redes viejas y rotas eran todo lo que poseían, porque de ese humilde trabajo de pescador y de aquellas viejas y remendadas redes, dependía lo que eran y tenían. Leví Mateo oyó a Jesús cuando le dijo «*sígueme*», y «*se levantó y le siguió*» (Mateo 9:9); pero también el odiado trabajo de publicano lo era todo para Mateo; de esa empresa, detestable para muchos, dependía lo que Mateo era y tenía.

Y la asombrosa conversión de Zaqueo se registra poco después de la parábola de la moneda perdida; Zaqueo no solo escuchó la voz de Jesús, sino que cuando comprendió la importancia de la invitación que Cristo le hizo llegó aún más lejos que los demás seguidores de Jesús: «*Zaqueo, puesto de pie, dijo al Señor: He aquí, Señor, la mitad de mis bienes doy a los pobres; y si en algo he defraudado a alguno, se lo devuelvo cuadruplicado*» (Lucas 19:8).

No solo se deshizo de muchos bienes materiales y financieros, sino que se despojó incluso del orgullo, de la avaricia, de la codicia y de mucha otra basura que lo mantenía alejado de Jesús. Por lo tanto, Jesús no le pidió al joven rico que se deshiciera de algo que no le hubiera pedido antes al resto de sus seguidores. Todos cuantos pretendemos seguir a Cristo tenemos alguna basura que limpiar en nuestras vidas.

Es importante que comprendamos que Jesús presentó ante sus oyentes a una mujer que barrió su casa para encontrar una pequeña moneda que se le había perdido. Él desea que comprendamos cuánta limpieza podemos realizar en nuestras vidas, o debe realizarse en las vidas de muchos de los cuales sus nombres ya están inscritos en el libro de la iglesia, o que tal vez tratan de acercarse a él por cualquier medio humano. La ilustración de Jesús fue ejemplar, pero no es una mujer la que limpia la basura de la vida de quienes están perdidos dentro de la iglesia, es Dios mismo por medio de su Santo Espíritu quien espera por nosotros para que le permitamos entrar en nuestros corazones y limpiarlos. Es él quien trata de limpiar los obstáculos que nos impiden ver el camino a la salvación en la verdadera plenitud. La iniciativa de la mujer sugiere que todo esfuerzo vale la pena para salvar a quienes se pierden en medio de la basura mundanal y de la filosofía de una vida desposeída de Cristo.

Una dracma no valía mucho, y no vale mucho hoy en día; pero a un ser humano le sucede lo mismo. De acuerdo con la composición física humana el valor financiero de una persona en el mercado mundial es escaso. Según un cálculo realizado por un químico, y publicado en una revista que leí tiempo atrás, alrededor del 80 % del material que una persona contiene en su cuerpo es agua. El agua se encuentra en casi cualquier parte del mundo y se consigue a un precio asequible para casi todos los seres humanos; aunque en algunos lugares del mundo se torna cara, pero todos la consiguen, porque si no lo hacen mueren; y, a veces, hasta encontramos agua gratis. La segunda sustancia más común en la formación física humana es el calcio, que tampoco se encuentra en el cuerpo humano en una cantidad tal que lo podamos comercializar.

Tanto el agua como el calcio, ninguno de los dos, se guardan en bancos. El cálculo que observé en aquella revista aseguraba que poseemos en nuestros cuerpos todos los elementos químicos de la Tabla Periódica, pero en tan escasas proporciones que nadie nos mataría para extraernos y robarnos el oro, la plata y el platino, o algún otro elemento químico importante del cuerpo.

El autor del artículo calculó en aquella época que los elementos químicos contenidos en un cuerpo humano de estatura mediana podían conseguirse en el mercado mundial por el insignificante valor de un dólar. Tal vez, tomando en cuenta la crisis financiera que ha depreciado muchas monedas y el tamaño y el volumen de algunos seres humanos actuales, ahora haya alguien que valga unos centavos más.

Pero, aun así, Jesús mostró en la parábola de la moneda perdida que nuestro valor físico no está en la composición del cuerpo que tenemos, sino en lo que significamos para él; porque él pagó por nosotros el precio con su sangre, que es el mayor costo pagado jamás en el universo.

Nuestro precio responde al valor espiritual del sacrificio que el cielo pagó cuando entregó a Jesús a la muerte en la cruz. Es por esa razón que él desea barrer la suciedad que estorba nuestro desarrollo espiritual. Quiere limpiar la vida individual de cada hijo suyo. Pues para él valemos todo, porque él nos ama tanto que vino a morir por cada pecador y *«vino a buscar lo que se había perdido»* (Mateo 18:11).

Busca con diligencia

También Jesús les dijo: *«Busca con diligencia hasta encontrarla»* (Lucas 15 :8c). Las dos primeras iniciativas que tomó la mujer de la parábola se relacionan con utensilios de limpieza: lámpara y escoba; pero la tercera decisión que tomó la mujer refiere el interés y la habilidad con que ella procuró la moneda extraviada dentro de su casa. Lo más probable es que la dracma perdida formara parte del símbolo de su matrimonio, por lo que el valor sentimental de la moneda la convirtió en un objeto especial; porque la pérdida de una reliquia tal se consideraba como una fatalidad para el matrimonio. La mujer, afectada por una pérdida de ese tipo, estaba decidida a emplear todas sus habilidades y experiencia hasta encontrar la significativa pieza conmemorativa.

Es probable que por eso la mujer iluminó la oscuridad de su casa y barrió cada rincón y recoveco de aquella edificación primitiva. Puso todo el interés hasta que obtuvo el éxito deseado. Jesús anhelaba que sus oyentes percibieran hasta qué punto Dios se interesa en la salvación de cada ser humano. Las ideas de Jesús expresadas en esta parábola contrastaban con los conceptos de los escribas y fariseos que enseñaban la existencia de un Dios esquivo y vengativo.

Los escribas y fariseos predicaban que Dios concedía su afecto y bendiciones solo a los que le obedecían y que se los negaba a aquellos que no le obedecían. Con la parábola de esta mujer que buscó una simple moneda que ni siquiera sabía que estaba perdida, Jesús demostró «la verdadera naturaleza del amor de Dios» (Nichol, 1990). Jesús enseñó que, aunque estemos perdidos y aunque ni siquiera nos demos cuenta de que lo estamos, Dios escruta con diligencia cada rincón de nuestra alma con la intención de que nos demos cuenta de qué es lo que estorba a nuestra decisión de atender al insistente llamado de Dios que siempre intenta que lo escuchemos. Como la mujer de la historia, Jesús hace todo el esfuerzo necesario para encontrar al perdido. La frase «*hasta encontrarla*» indica el máximo esfuerzo que Dios realiza para salvar a cada pecador.

En la clase bautismal de cierta iglesia donde trabajé, encontré una señora mayor que se preparaba para bautizarse. Me dijo que había asistido a la iglesia por muchos años, que se reunía con aquella congregación desde que era una niña y que ahora, con más de sesenta abriles cumplidos, planeaba bautizarse. La iglesia estaba llena de hermanos que habían conocido a Jesús mucho después que ella y sin demora lo habían aceptado como su Salvador personal y se habían bautizado. Durante decenas de años en la iglesia los candidatos llegaban y descendían a las aguas bautismales y se bautizaban, mientras ella permanecía paralizada en un asiento que había convertido en su propiedad privada para cada reunión.

Un día la visité y apelé a las fibras más sensibles de su corazón para que decidiera su entrega al divino llamamiento,. Entonces me contó un detalle sorprendente de su vida: «Pastor, no se apure, con usted sí que me voy a bautizar, porque he oído que usted es descendiente del pastor que me presentó a Jesús en esta iglesia cuando yo nací y mi madre me trajo por primera vez al templo para dedicarme a Dios».

Quedé sorprendido cuando supe que mi bisabuelo, el pastor Manuel Ávila, uno de los dos primeros cubanos que se bautizaron en Cuba cuando se inició la iglesia en 1907, había tenido en sus brazos a aquella señora cuando era una bebé, y su cristiana madre la había llevado al templo porque deseaba que su pequeña e inocente hijita fuera una fiel cristiana. Su mamá no estaba presente ya, y el pastor Ávila también descansaba en el polvo de la tierra. Ya habían muerto la mayor parte de quienes hacía más de sesenta años habían presenciado aquella sencilla ceremonia. Aquellos testigos esperaban en sus tumbas el instante bienaventurado en que escucharán la voz de Jesús que los llama y los despierta del sueño de la muerte a vida eterna; pero Jesús todavía estaba allí, insistiendo con la obstinada señora.

Dios es paciente y misericordioso con sus hijos. Esperó los años necesarios hasta que viniera a bautizar a aquella señora un bisnieto del pastor que la presentó ante Dios cuando ella nació. Ella también fue encontrada por Jesús. Meses después la bauticé.

Jesús enseñó que Dios hizo lo posible por encontrar a los escribas y fariseos y rescatarlos de la perdición. Ellos estaban perdidos dentro de la iglesia, pero Jesús moriría en la cruz, aún, por quienes ignoran que poseen una condición espiritual que les puede perder. Escribas y fariseos también podían ser salvos por Cristo. Solo debían aceptar la invitación de Jesús a dejarlo todo y seguirlo. Por lo que dicha posibilidad estaría al alcance de cualquier humano hasta el fin del mundo.

La parábola enseña que, con el mismo entusiasmo de la mujer del relato, Dios busca a los pecadores hasta encontrarlos. Desea rescatarlos antes que se acabe el tiempo de oportunidad para sus vidas; por lo que Dios, incluso, buscará a quienes no se dan cuenta de que están perdidos; inclusive, dentro de la iglesia.

Jesús sufrió por nosotros en la cruz del Calvario, murió por nuestros pecados, y hará lo posible por rescatarnos de la maldición de este. Dios insiste de tal manera en la salvación de cada persona que la perdición será un suicidio, porque solo se perderán quienes decidan perderse. El amor de Dios es tan grande que nos da la oportunidad hasta de elegir nuestra propia destrucción. Él hace todo lo posible para que el programa redentor divino encuentre a cada pecador y lo salve. La redención humana es el resultado del amor de Dios manifestado en la persona de Jesús, quien lucha por el rescate de cada individuo extraviado hasta hallarlo. El amor de Jesús por nosotros es tan enorme que él siempre nos encontrará, aunque luego dependa de cada cual seguirlo o dejarlo. Tu salvación depende de ti.

Festeja feliz

Al final de la parábola, como en el caso de la oveja perdida, también Jesús planteó un desenlace de fiesta y alegría: «*Y cuando la encuentra, reúne a sus amigas y vecinas, diciendo: Gozaos conmigo, porque he encontrado la dracma que había perdido. Así os digo que hay gozo delante de los ángeles de Dios por un pecador que se arrepiente*» (Lucas 15:9, 10). La cuarta iniciativa de la mujer que buscó la moneda hasta encontrarla repitió la actitud del pastor cuando apareció la oveja perdida. La mujer del relato alumbró, barrió, buscó con presteza y, como el pastor encontró a su oveja extraviada, ella halló su dracma perdida; y, cuando la tuvo en la mano, reunió a «*sus amigas y vecinas*», y les pidió: «*Gozaos conmigo, porque he encontrado la dracma que había perdido*». Además, Jesús agregó de nuevo el singular elemento del gozo celestial.

Otra vez la escena demostró el gozo celestial por el rescate de algo que estaba perdido y apareció. La lección es clara, Dios jamás repara en gastos y esfuerzos cuando se trata de la salvación de uno de sus hijos. La escena sobrepasó los límites de la privacidad familiar y la mujer invitó a sus amigas y vecinas a deleitarse con ella porque apareció una pequeña dracma.

Los gastos de energía y tiempo son evidentes en la historia. Parece que se le da demasiada importancia a un hecho tan simple e intrascendente como la recuperación de una pequeña moneda; pero vale la pena recordar que para aquella mujer la moneda significaba más que dinero, porque simbolizaba el carácter inquebrantable de su unidad conyugal con el esposo. La moneda perdida representaba la recuperación de la paz del hogar y la felicidad matrimonial.

La dama que celebró una fiesta porque encontró la moneda extraviada establece que el gozo celestial por la salvación de un alma va mucho más allá de lo que esto significa para la pobre expectativa humana. De nuevo Jesús trasladó el gozo a un contexto universal y eterno; y otra vez aparecieron los ángeles de Dios gozándose y alegrándose por el éxito alcanzado en el corazón de un simple ser humano.

Para Dios no existe alguien para quien no valga la pena el sacrificio de Jesús; para él todo pecador, por hondo que haya caído, o por lejos que haya llegado, merece la atención divina. El cielo se goza cuando Jesús encuentra a alguien que está perdido y lo rescata.

Resumen

Tal vez existe hoy en tu casa alguna pérdida que está trayendo problemas en tu matrimonio. Es posible que alguien o algo se haya extraviado dentro de la casa y no sabe que está perdido. No renuncies a la felicidad que Jesús te ofrece, toma las iniciativas correctas: enciende la lámpara de la palabra de Dios, barre con diligencia lo que estorba la felicidad de tu familia y permite que Jesús te encuentre dentro de su casa. Cuando él te encuentre reunirá a todos y celebrará feliz por haberte encontrado.

Recuerda las iniciativas que Jesús toma para salvar al pecador extraviado. Él ilumina nuestras vidas con la luz que proviene de Dios a través de su Santa Palabra. Barre las suciedades e impurezas de nuestras vidas. Nos busca con diligencia hasta encontrarnos. Y es él quien provoca el gozo terrenal y celestial cuando decidimos venir humildes a sus brazos de amor.

Si alguien se ha perdido en tu familia no dudes en clamar a Dios por esa persona. En cada alma, por perdida que se encuentre, todavía quedan vestigios del poder y la voluntad de Dios, quien no se cansa de amar sin que le importe cuán lejos hemos ido. Cada familia todavía puede encontrar alivio y esperanza en Jesús. Él ama al perdido, se sacrifica por él, se goza con su redención, y el cielo se alegra con la noticia de cada nuevo rescate.

Los escribas y fariseos estaban perdidos dentro de la iglesia, pero también debían permitir que Jesús los encontrara con su evangelio de amor. Cada persona también puede permitir que Jesús la encuentre. Pedro lo dijo hace muchos siglos cuando expresó: «*No queriendo que ninguno perezca, sino que todos procedan al arrepentimiento*» (2 Pedro 3:9). Estas palabras garantizan cuánta fe se puede tener en el enorme deseo de Dios de que tú también te salves. Sin importar dónde te encuentras ahora, Dios te invita a permitir que la lámpara de su palabra ilumine la oscuridad de tu vida sin Cristo. Ahora puedes permitir que él barra tu corazón y limpie tu casa espiritual de las suciedades que estorban tu vida. Dios desea que aceptes que Cristo te busca con diligencia hasta encontrarte, hasta que tú mismo lo busques a él con humilde fervor. Si se lo permites, Jesús celebrará feliz, y junto con todo el cielo celebrará que tu vida y tu hogar emergen relucientes de entre la basura de la vida mundana y sin sentido, para vivir con él por la eternidad.

Capítulo 3

DESINTERESADO AMOR

Cuando mi padre sentía que desobedecíamos a sus requerimientos paternos decía: «Es bueno tener hijos y hay que tenerlos, pero como negocio es mejor sembrar una mata de plátano». Repetía esa frase cuando creía que los hijos no lo respetábamos como él esperaba que lo hiciéramos, cuando no cumplíamos las reglas que él consideraba justas en relación con el polémico tema del comportamiento y respeto de los hijos hacia los padres.

A veces me sentí incómodo con aquella manera como él se refería al asunto de la relación padre-hijo. Pero los años transcurrieron y también fui padre y comprendí la lección que en sí misma encerraba aquella frase. Intuí que él percibía que lo más común es que los hijos piensen que los beneficios recibidos de los padres son obligaciones que sus progenitores cumplen con ellos. Razón por la que a veces los hijos ignoran que los padres los aman sin interés alguno, y que cuanto hacen por ellos son actos generosos de amor inagotable. Así que, cuando los hijos no comprenden el amor desinteresado con que los padres los tratan, se vuelven exigentes, desagradecidos y rebeldes contra sus progenitores. Como sucedió al hijo pródigo.

En la conocida parábola del hijo perdido, Jesús relató a la multitud cómo un hijo se marchó del hogar por voluntad propia, sin que le importara la angustia de su padre al verlo partir hacia lo desconocido. Mostró cómo la familia soportó con paciencia la ausencia y el menosprecio del hijo desagradecido que pisoteó los valores familiares, se lanzó en busca de una aventura que lo conduciría directo al fracaso, y a la vez, lo llevaría a la comprensión definitiva de los elevados valores de su padre. En la parábola del hijo perdido Jesús trató los detalles de la relación correcta entre padres e hijos, y convirtió estos elementos en símbolos de lo que debe ser el trato entre los hijos terrenales y el Padre celestial. En la parábola del hijo perdido, él profundizó más sobre el asunto del pecado y la salvación que en las historias de la oveja y la moneda descarriadas.

En las narraciones de la oveja y la moneda perdidas Jesús enseñó lo que Dios desea hacer por el pecador extraviado; pero con la historia del hijo pródigo mostró lo que sus hijos deben hacer para responder a la generosa iniciativa divina (Nichol, 1990). Además, con la historia del hijo perdido Jesús enseñó sobre el pecado de la rebelión humana e involucró el aspecto de la rivalidad posible cuando se tienen dos hijos. También describió la causa de la descomposición espiritual humana, la manera como los seres humanos se alejan del Padre celestial, el fracaso absoluto de una vida sin Dios y la única forma de levantarse y retornar al hogar del Padre celestial. Por medio del hijo perdido Jesús describió las distintas etapas de aceptación que crean el proceso de descomposición espiritual que nos asalta cuando nos alejamos de Dios.

Tener hijos es una experiencia singular para los padres, pero quienes tienen dos hijos tal vez comprendemos mejor que otros el problema del celo que puede surgir entre dos hermanos, un mal común cuando existen dos hijos en una familia. El celo es un fenómeno que con frecuencia germina en la familia humana y a menudo conduce a serias dificultades, sobre todo cuando los hijos no estiman el amor desinteresado que sus padres les tienen. Jesús comenzó esta historia con una frase sencilla: *«Un hombre tenía dos hijos»* (Lucas 15:11).

Parece difícil encontrar otra porción bíblica que trate con mayor simpleza el problema del pecado frente al aspecto del libre albedrío concedido al hombre por su Creador. Con esta simple frase Jesús mostró a la gente el problema del egoísmo humano frente al amor incondicional de Dios. Desde el inicio de la narración Cristo resaltó los contrastes existentes entre las intenciones egoístas del hijo y el carácter amante del padre. Como sucede en la relación humana con Dios. Por eso presentó dos partes opuestas una de la otra, primero, la independencia y egoísmo del hijo; y luego, como respuesta, el amor desinteresado del padre.

Independencia y egoísmo del hijo

Jesús presentó el nudo del relato con una simple frase: *«Y el menor de ellos dijo a su padre: Padre, dame la parte de los bienes que me corresponde; y les repartió los bienes»* (Lucas 15:12).

La expresión resalta el carácter independiente y egoísta del hijo. En ella sobresalen dos acciones opuestas: «dame» y «repartió». Las acciones del joven que pidió a su padre lo que aún no le pertenecía contrastan con la decisión del padre que accedió sin discusión a la petición del hijo. Mientras el hijo expresó el egoísmo que lo dominaba, el padre mostró amor y desinterés en el trato materialista del hijo. De parte del padre no hubo disputa, ni preguntas, ni objeciones; sino, aceptación de la solicitud del hijo.

A menudo, aparecen hijos que desean separarse de sus padres a cualquier costo posible, porque anhelan la emancipación y separación legal. Son hijos que ansían independencia, que quieren gobernarse, que desean vivir sin restricciones, ni ordenanzas, ni reclamos de obediencia. Actúan de ese modo porque están convencidos de que serían más felices si se liberaran de las exigencias de sus progenitores. Creen que si se alejaran del hogar paterno y vivieran vidas independientes gozarían de plena libertad. Pretenden alcanzar por la fuerza la independencia de sistemas familiares que les reclaman obediencia de leyes y restricciones que consideran obsoletas.

La costumbre judía de la época veía mal que un hijo pidiera la parte de su herencia al padre antes que este muriera. No era un reclamo bien visto por la sociedad del tiempo en que Jesús narró la historia. La petición del hijo menor mostró a los oyentes de Jesús que el muchacho no confiaba en su padre ni respetaba su autoridad (Nichol, 1990). ¿Por qué lo hizo? Es la primera pregunta que surge de un acto como este.

¿Sabía el hijo lo que quería? Hoy también se le pregunta a mucha gente: ¿Sabes lo que quieres? En el mundo, y hasta en la iglesia, existen individuos que no saben lo que desean para sí mismos. El deseo de abandonar las raíces personales con el hogar paterno, de romper la conexión con quien nos dio la vida, no es natural. Esa ambición la introdujo en el mundo un enemigo de Dios.

En el jardín del edén Satanás puso en el ser humano caído el deseo de hacer la voluntad propia. Desde entonces la desobediencia es el problema que impide que las personas se acerquen a Dios confiadas. Fue la rebeldía la que creó la separación en el Edén, y la rebelión todavía es la causa de separación entre el hombre y Dios. El deseo de desobedecer a Dios es una consecuencia inevitable del pecado, nace del deseo de hacer la voluntad propia cuando el cuerpo pide lo que cada cual cree que necesita. Los deseos de independencia y separación de Dios brotan de un corazón enfermo por el pecado, alejado de Dios y abandonado a su propia autonomía. Cuando Pablo escribió a los romanos expuso el problema del pecado de un modo singular: «*Por cuanto los designios de la carne son enemistad contra Dios; porque no se sujetan a la ley de Dios, ni tampoco pueden; y los que viven según la carne no pueden agradar A Dios*» (Romanos 8:7, 8). Santiago además hizo una pregunta significativa: «*¿No sabéis que la amistad con el mundo es enemistad contra Dios? Cualquiera, pues, que quiera ser amigo del mundo, se constituye enemigo de Dios*» (Santiago 4:4).

Los problemas del pecador con el mundo que lo rodea comienzan cuando este va a Cristo y acepta ser su discípulo. Este se pone en armonía con Dios y asume un estilo de vida distinto, cambia los hábitos incorrectos, abandona los vicios, se aparta del pecado y vive la vida de los hijos de Dios; entonces la sociedad que antes lo aceptaba, lo rechaza y se burla de él. Se produce un choque brutal entre ambos estilos de vida, y el alma recién convertida a Cristo lucha consigo misma y con el deseo sincero de agradar a Dios.

Algunas mujeres, al inicio de la carrera cristiana dicen:

—Pastor, la gente me encuentra fea. ¿Qué hago? Me da pena salir a la calle.

—¿Qué gente te encuentra fea?

Entonces sonríen y temen decir la verdad.
—¿Los hijos de Dios te ven fea?
—No, pastor, son mis amigas y amigos en el trabajo, mis condiscípulas y condiscípulos en la escuela, mis vecinas y vecinos en el barrio donde vivo...
Algunos hombres también exclaman sorprendidos:
—Pastor, la gente me tilda de bobo.
—¿Por qué te juzgan así?
—Porque ya no bebo licor, porque no fumo y porque dejé la vida promiscua que antes llevaba...

A veces me pregunto cómo me ven quienes no son como yo. Muchos seres vivos que me rodean me rechazan. Cuando salgo de casa y me cruzo en el camino con distintos animales domésticos, estos se apartan de mi camino sin que se los pida: los caballos se espantan, los perros huyen, los gatos se esconden y las palomas del parque vuelan hacia los árboles. A las especies distintas les cuesta relacionarse conmigo. Huyen despavoridas. No les inspiro confianza. He descubierto que, salvo excepciones, las especies diferentes se sienten mejor lejos de quienes les parecen extraños.

La gente también se da cuenta cuando alguien ya no pertenece a su género, y la reacción natural es el rechazo y el miedo. ¿Has pensado en por qué no te aceptan cuando te conviertes a Cristo? ¿Por qué les pareces fea, ridícula, fuera de moda o estrafalaria? Se preguntan los hombres, ¿por qué nos apartan los demás cuando no participamos de los vicios y costumbres con que otros se divierten? El cine creó *Monster* (monstruo), una película que ilustra la reacción humana ante lo que es diferente.

La cinta trata de una ciudad habitada por monstruos creados por el arte. Algunos de estos seres son enormes y peludos, otros deambulan con un solo ojo en la frente mientras conversan con un ser cuyos cabellos son serpientes, y hasta se relacionan sin temor de ninguna clase con otro que tiene cinco ojos en la cara. La película tiene todo tipo de rarezas inconcebibles en el mundo natural creado por Dios. Pero esos monstruos viven una vida normal en el mundo en que los crearon. No tienen conciencia de la monstruosidad de sus grotescas figuras, y nunca han tenido la oportunidad de compararse con alguien distinto de ellos.

Pero sus vidas cambiaron cuando, por azar, en el medio en que vivían entró el «monstruo», una bella niña, que en su inocencia infantil comenzó a interactuar con ellos. El resto de la trama gira alrededor de las medidas que los verdaderos monstruos tomaron para sacar de su medio a quien consideraban monstruosa. La gente tiene prejuicios hacia quienes aceptamos la voluntad divina. En una de las iglesias que ministré ocurrió un hecho simpático.

Desarrollábamos una campaña de evangelismo, la iglesia estaba repleta de visitantes y la música se escuchaba en plena calle. El ambiente musical atraía a los que caminaban por la acera de la calle, que era la avenida principal de la ciudad. Atraídos por la belleza de los himnos y las melodías espirituales que se perdían en la distancia de la noche, los transeúntes se detenían unos instantes frente a la entrada del templo y escuchaban absortos las melodías que se desbordaban hacia afuera por las puertas y ventanas del templo; después continuaban el camino que les imponían sus necesidades. Iban tras la rutina de la vida secularizada que llevaban.

De repente una joven se detuvo frente al templo más tiempo que el resto de los transeúntes, e incluso se recostó a la reja principal de la entrada de la iglesia,;y allí, de pie entre la calle y el edificio de culto, parecía abstraída en sus más recónditos pensamientos. Daba la impresión de que disfrutaba de la programación. Como todavía faltaba tiempo para el sermón, salí y me le acerqué. La saludé y la invité a pasar y disfrutar del programa, pero ella dijo:

—¿Usted quién es?

—Soy el pastor.

—¿Puede contestarme una pregunta?

—Por supuesto, dígame qué desea saber.

—¿Es cierto que detrás de aquella cortina enorme hay una piscina llena de agua y que cuando una muchacha se casa usted la zambulle ahí dentro con traje de novia y todo lo que trae puesto?

—Claro que no.

Las personas que no son como nosotros tienen muchos prejuicios acerca de cómo somos y qué hacemos. Ven a Dios como un ser arbitrario y extremista que exige a sus fieles las más ridículas extravagancias y los peores sinsentidos. Por eso Jesús presentó dos posturas opuestas entre sí, dos modos de vida que contrastan en la parábola. Uno es el egoísmo del hijo frente al amor y desinterés del padre. Eso es lo que mejor indica la diferencia entre el carácter del hijo y el del padre. La petición del hijo contiene actitudes que desenmascaran su verdadero interés, la raíz natural de su comportamiento, y resaltan los modales que pusieron de manifiesto el desarrollo de ciertos pecados y el desarraigo de los valores de la casa paterna. Estas fueron actitudes que, a la postre, le trajeron consecuencias que lo llevaron lejos del hogar que había amado desde la niñez.

Jesús resaltó cómo el hijo menor solicitó al padre el objeto de su deseo añorado: «*la parte de los bienes que me corresponden*» (Lucas 15:12). Según esta declaración el hijo reconoció la existencia de un padre: él mismo exclamó, «padre», sabía que tenía un padre, conversó con él, pero exigió que este le otorgara derechos que consideraba suyos. No lo amaba ni confiaba en él. Nada más deseaba los beneficios que su padre le podía conceder, pero no quería la obediencia desinteresada a su progenitor.

El hijo menor se diferencia de la oveja en que aquella no distinguía entre lo bueno y lo malo, pero él razonaba y comprendía lo que estaba bien o mal. La oveja no sabía de nada, había cometido una falta que ocurrió en medio de su incapacidad de discernir entre el bien y el mal. Pero el hijo estaba ahí parado diciendo: «padre». ¡Comprendía que tenía un padre!, pero a su vez no deseaba más estar con él, prefería tomar lo suyo y marcharse lejos. El hijo rebelde pensó que en la independencia está el éxito y la felicidad de su vida futura. A diferencia de la oveja, el hijo menor tenía la capacidad de pensar y elegir por sí mismo. Mientras la oveja perdida clamaba por su pastor enredada en los zarzales del desierto; el pródigo planificaba ante su padre y bajo el techo hogareño el alejamiento del hogar paterno.

Lo segundo que el relato destaca es el egoísmo del hijo que exigió: «*dame la parte de los bienes que me corresponden*». No pidió un favor a su padre, sino que requirió un derecho, reclamó el beneficio de lo que él daba por sentado que le pertenecía. Un derecho que le parecía irrenunciable. Un comentarista expresó: «El inexperto joven pensaba que tenía el derecho incuestionable de aprovechar todos los privilegios por ser hijo, pero sin llevar ninguna de sus responsabilidades» (Nichol, 1990).

El pródigo planificó y pensó en detalle el alejamiento del padre. Concluyó que el único curso de acción que resolvería sus problemas, en la forma que él pensaba que debían resolverse, era abandonar su hogar e irse lejos a vivir la vida a su antojo. Ni siquiera tuvo en cuenta que «el proceder que escogió era una violación directa del quinto mandamiento» (Nichol, 1990).

El egoísmo no respeta leyes, ni autoridades, ni nada que limite las aspiraciones humanas apartadas del cauce natural. El desagradecimiento que el hijo manifestó en sus exigencias rendiría la cosecha a largo plazo, pero mientras tanto, su acción le parecía la más justa que tenía a su alcance. La ingratitud es un pecado terrible, porque trata como basura lo que otros hacen por la persona desagradecida. Esta nace de la avaricia y del desprecio por los demás.

Antonio Maceo, un legendario prócer independentista de Cuba dijo: «Las deudas de gratitud son impagables». Maceo comprendió que quien recibe un favor nunca encontrará la manera de pagar al benefactor lo que este hizo por él cuando necesitó ayuda. Sin embargo, en esta parábola Jesús describió las acciones de un hijo ingrato contra el padre, puesto que ya no le importaba lo que este hubiera hecho por él. Porque su deseo era independizarse del padre lo antes posible. Ya no reconocía el amor con que el padre lo amaba desde su nacimiento.

Un pequeño bebé puede ver la luz del sol por primera vez en cualquier hogar del mundo, no interesa si esa familia es pobre o rica. Cuando una pareja anuncia el nacimiento de un bebé se hacen muchos preparativos, siempre de acuerdo con las posibilidades y necesidades de la familia que recibirá al niño cuando llegue. A los planes prenatales se suma la ilusión de los padres que esperan con ansiedad el tiempo requerido antes del alumbramiento.

Llaman la atención los aspectos que ellos toman en cuenta: la salud del bebé, las comodidades del recién nacido, la educación futura para el niño y las expectativas que un padre guarda acerca del porvenir de un hijo que anuncia su nacimiento. Después el hijo nace, crece saludable y un día inesperado no toma en cuenta esos sacrificios, pide lo suyo y se marcha del hogar.

Eso fue lo que Jesús relató a sus oyentes. Describió el atrevimiento de un hijo que puso su interés material por encima de las perspectivas pasadas y futuras de la familia que lo amaba. La actitud del hijo tiene un solo nombre: egoísmo. El egoísmo es la raíz que nutre al pecado. La Biblia señala que «*La raíz de todos los males es el amor al dinero, el cual codiciando algunos, se extraviaron de la fe, y fueron traspasados de muchos dolores*» (1 Timoteo 6:10).

El egoísmo surgió allá en el cielo, donde apareció Lucifer y reclamó lo que por derecho propio no le pertenecía. El profeta Isaías describió ese hecho de un modo didáctico. Puso un pequeño monólogo en labios del ángel rebelde y resaltó el carácter egoísta que desarrolló Lucifer antes de convertirse en Satanás y ser echado del cielo: «*Subiré al cielo; en lo alto, junto a las estrellas de Dios, levantaré mi trono, y en el monte del testimonio me sentaré... Sobre las alturas de las nubes subiré, y seré semejante al Altísimo*» (Isaías 14:13, 14). Lucifer razonó de un modo egoísta. No se preocupó por nadie más que él, él y solo él. Conjugó su plática, tal vez un monólogo interior, en primera persona: «Subiré», «levantaré», «mí», «me», sentaré, «subiré» y «seré». Cualquiera entiende que conjugó sus aspiraciones egoístas en primera persona. El texto delata que Luzbel deseaba apropiarse del poder y la autoridad de Dios. El discurso luciferino no fue registrado en la Biblia por casualidad, curiosidad, o porque Isaías quiso escribirlo; todo lo contrario, el profeta registró las intenciones de Lucifer como una advertencia universal contra el orgullo y el egoísmo humano.

Satanás fracasó cuando Dios lo derrotó en el cielo, pero trasladó sus aspiraciones egoístas a la feliz pareja en el huerto de Edén. Allí los engañó y les garantizó que lograrían el malogrado sueño que él mismo no había podido conseguir allá en el cielo: «*Serán abiertos vuestros ojos, y seréis como Dios*» (Génesis 3:5). Fue una recomendación egoísta y llena de desconfianza hacia su Creador. Satanás puso en la mente de Eva y Adán la misma idea acariciada por él, tal vez, durante milenios; pero que, en el huerto de Edén, frustrado y derrotado, indujo en la feliz pareja recién creada el deseo de gobernarse y hacer la voluntad propia. Lo que les acarreó un fracaso que ellos no percibieron hasta que cosecharon los frutos agrios de la rebelión.

Desde entonces el egoísmo es el combustible que mueve al pecador, y uno de los fundamentos esenciales del pecado. Porque a partir de ese momento la egolatría condujo a la raza humana a la rebelión contra Dios. Cada pecador es un rebelde que se resiste a obedecer la voluntad divina. Humanamente esta es la aspiración de la naturaleza humana. Desde la revuelta en el cielo y su traslado a esta tierra, no existe en este planeta un lugar donde se puedan defender las posturas egoístas de los pecadores. Hoy en día no asombra a nadie que le cuenten la historia de un hijo rebelde. Tampoco es raro que aparezca un hijo que sin el más mínimo reparo manifieste su falta de amor y de reconocimiento hacia el padre; y que, poseído de una arrogancia auto embriagante, se pare ante él y le diga: «*dame la parte de los bienes que me corresponde*».

El hijo rebelde planificó su futuro a partir del valor de bienes que no le pertenecían, pero que creía que tenía el derecho de poseer. Deseaba independencia, quería tener lo suyo propio, pero..., ¿qué lo motivó a tomar una resolución de esa índole? Tan drástica y radical. La decisión fue el resultado de que había dejado de confiar en su padre y ya no lo veía como antes. Lo que más anhelaba era independizarse de quien había significado todo para él. Porque en lugar del padre confiaba en su suficiencia propia.

A lo largo de más de cuarenta años de experiencia pastoral, cuando trato con los débiles en la fe, con los alejados de Dios, y con la apostasía en general, resalta el hecho de que en las decisiones de quienes se alejaron de Dios sobresalía el egoísmo.

Porque los rebeldes a Dios son personas en las que prima el interés desmedido por las ambiciones personales. Desean deshacerse del pretendido obstáculo que conlleva ser fieles a Dios y que, según ellos, les impide alcanzar los presuntos logros y ventajas materiales que procuran obtener. Cuando entrevisto a los que se marchan de la iglesia les hago dos preguntas específicas: ¿por qué dejas a Cristo? Y enseguida la mayoría responde: «quiero ser alguien»; «deseo estudiar», «la iglesia trae muchos problemas sociales»; «soy joven y quiero divertirme»; «la iglesia prohíbe muchas cosas»; «me gusta hacer lo que quiero»; «porque la iglesia no da nada» y respuestas parecidas. Por supuesto, conjugadas en primera persona. Ninguna respuesta del que huye de Dios involucra la necesidad de un Salvador, ni el deseo de ayudar a otra persona. Son respuestas cargadas de egoísmo.

Después hago la segunda pregunta: ¿piensas que un día volverás a elegir a Cristo como su Salvador personal?, y entonces declaran: «tal vez, cuando alcance mis metas personales»; «cuando viva mi juventud», «cuando me gradúe en la universidad». Recitan una larga lista de excusas conjugadas en primera persona: «cuando me», «si me», «si logro», «si encuentro». El egoísmo les brota hasta por los poros y no lo perciben. Les parece natural.

Son respuestas positivas en apariencia, porque son soluciones que ponen condiciones a Dios, que colocan los logros personales por encima de la voluntad del Padre celestial. Si me das esto, si alcanzo tal objetivo, y si..., y si..., y si... Son remedies que dependen de la satisfacción egoísta de los deseos y aspiraciones humanas.

La persona que abandona a Cristo coloca las aspiraciones personales y las ganancias materiales de la vida delante de las cosas espirituales. Olvida el consejo de Jesucristo: «*Mas buscad primeramente el reino de Dios y su justicia, y todas estas cosas os serán añadidas*» (Mateo 6:33). El elemento común que invita a los hijos de Dios a alejarse del Padre celestial es el materialismo; que se traduce en amor desmedido por las cosas materiales, interés excesivo por el dinero y amor a la fama. Estos anhelos, junto a los deseos carnales pasaron a ser el elemento central y el objeto cumbre de las aspiraciones de quienes se alejan de Dios. Por eso aparece un hijo que dice a su amoroso progenitor: «Padre, dame la parte de los bienes que me corresponde». En ese deseo de independencia Jesús vio una de las mayores amenazas contra quienes pudieran salvarse de las consecuencias del pecado.

Así que, el hijo pródigo dio por sentado que pidió a su padre un derecho que poseía por naturaleza. Con la petición sugirió que el padre impedía que alcanzara la felicidad que deseaba a cualquier costo posible, y no respetaba que él, como hijo, tenía derecho a realizar la voluntad propia. "El hijo menor representa en la parábola a los publicanos y los pecadores" (Nichol, 1990), que vivían su vida depravada y sensual ante la presencia de todos.

Para él no existía otra salida que no fuera la independencia de la tutela paterna; además, suponía que vivir su vida libre de restricciones paternas le otorgaría la felicidad que deseaba al costo que fuera necesario. Así que, ante la ingratitud del hijo Jesús resaltó algunos atributos divinos que se oponen a la actitud del utilitario muchacho.

Amor y desinterés del padre

Por amor Dios le dio a la humanidad libre albedrío, que es la facultad de elegir entre lo bueno y lo malo. Gracias a ese don de Dios el hijo amaba más al dinero que a su padre. No estaba obligado a amar al padre de manera incondicional. Sin embargo, la avaricia lo condujo a creer que la falta de autodeterminación era el único problema que tenía en su vida. Él deseaba gobernarse y haría los esfuerzos necesarios hasta lograr su ansiado deseo. No percibió que era por la generosidad del padre que él podía menospreciar las bendiciones que hasta entonces gozaba en el hogar paterno.

Porque, gracias al libre albedrío concedido por el padre, podía elegir, incluso, perderse. Decidió la independencia de su padre porque este le dio la oportunidad de elegir su destino. De modo que, sin tomar en cuenta esa generosidad paterna ignorada por él, creía que si se alejaba de la influencia hogareña incrementaría su bienestar físico, material, intelectual, social y de su vida en general. Sin el menor reparo puso en juego la vida, la salud, el dinero, los amigos y todo cuanto podía satisfacer sus deseos enfermizos de prosperidad, bienestar y felicidad. Como mismo sucede hoy en día.

Marcos era un joven cristiano, y como muchos otros él también había abandonado a Cristo. Quería divertirse, y como cualquier otro joven que no pone a Jesús primero, creía que necesitaba disfrutar de los beneplácitos mundanos. Aunque a pesar de que hacía tiempo andaba lejos de los caminos de Dios, su iglesia aún lo amaba y se interesaba por él. Hasta su nombre continuaba inscrito en el registro de miembros.

Un día visitó la iglesia, como hacía de vez en cuando. Los hermanos al verlo le dieron una amable bienvenida sin imaginar que esa sería la última vez que lo verían en el templo. Nunca se supo si estaba allí porque alguien lo invitó, o porque había sentido la voz del Espíritu Santo que lo llamaba. Lo que sí recuerdan es que aquella noche al final del sermón Marcos aceptó la invitación del pastor a seguir a Jesús de corazón. Él tomó la decisión de regresar a los caminos de Dios. Pero no se daba cuenta de que, por sí mismo, él no tenía fuerzas para dejar el mundo y seguir a Cristo.

Pocos días después sus amigos de la calle volvieron tras él. Eran los mismos que él buscaba desde hacía tiempo, los mismos con los cuales se había alejado de Dios. Volvieron a su casa para invitarlo otra vez a la diversión mundana.

—Marcos, venimos a buscarte para una fiesta.

—He decidido volver a la iglesia; lo siento mucho, pero no puedo ir con ustedes.

—Eh, felicidades, Marcos, y eso qué importa, no te va a ocurrir nada malo por salir un rato con nosotros.

—Sí, lo sé, pero yo hice el compromiso con Dios de dejar el mundo y seguir a Cristo. Ustedes no entienden de esto.

—Sí te entendemos. No tienes que hacer nada malo. Ven con nosotros a la fiesta. No hagas lo que no quieras hacer.

Tras la insistencia de sus amigos, Marcos cedió otra vez y salió con ellos a fiesta. Pero aquella noche murió. Al otro día su cadáver yacía tendido en la funeraria. Junto a su familia los hermanos de la iglesia se lamentaban por él. Alrededor del ataúd de Marcos los amigos sobrevivientes del accidente de tránsito de la noche anterior lloraban y decían: «él no quería ir»; «él no bebió ni siquiera un trago»; «él no se divirtió anoche»; «estuvo toda la noche ahí, pensativo, sentado cabizbajo...». Marcos fue víctima de las borracheras de quienes ahora lloraban por él sin consuelo.

Una y otra vez se repite la triste experiencia en quienes el egoísmo arrastró al precipicio de la independencia del padre. La alucinación de la libertad sin Cristo los induce a creer que es posible vivir sin Dios. Ignoran que la separación de Dios es la muerte. Fracasaron y sucumbieron a sus propios anhelos egoístas e incontrolados. Nunca percibieron el costo de la ausencia del Padre celestial. Jesús contó la parábola del pródigo porque desea que todos entendamos la magnitud de la paciencia y el amor divino. Por eso esta sección se titula: amor y desinterés del padre.

En la parábola del hijo perdido Jesús destacó el buen juicio, la prudencia y el desinterés del padre. Cuando declaró la generosidad del padre, usó la mitad de las palabras que el hijo pronunció cuando le declaró al padre sus intereses egoístas. Jesús dijo: «*Y les repartió sus bienes*» (Lucas 15:12). Así de simple comunicó a sus oyentes el amor y buen juicio de Dios. Dejó claro que el carácter independiente y egoísta del hombre contrasta con el carácter amante y desinteresado de Dios. Cinco palabras fueron suficientes para describirnos el carácter de Dios.

La actitud del padre fue una acción sin precedentes, que a veces provoca la opinión de que «el padre no debió ceder». Quienes piensan así defienden sus propios intereses egoístas. No protegen al padre, sino que también están interesa-

Desinteresado amor | 65

dos en los bienes del padre. Lo natural, lo humano, es que los pecadores no podemos evitar la tendencia materialista que nos acecha: el egoísmo. A veces caemos en la tentación de apropiarnos hasta de los bienes del padre; y declaramos: «¿por qué Dios se los dio? No merecían semejantes beneficios».

Cuando alguien se molesta porque otro recibió un favor que él no puede obtener, es hora de que se arrodille a orar, porque es víctima del egoísmo. La envidia lo carcome sin que se dé cuenta. El egoísmo es un cáncer que crece solapado en medio de la gente y carcome por dentro a quienes se alejan de Dios. El pasaje descrito por Jesús encierra una gran verdad: ¡Dios es soberano! Existe mucha certeza en esta declaración, porque Dios hace lo que quiere con lo suyo.

Esa fue la lección personal que Dios le mostró a Nabucodonosor por medio del profeta Daniel: «*Hasta que reconozcas que el Altísimo domina sobre el reino de los hombres, y a quien él quiere lo da*» (Daniel 4:32). Pablo también afirmó que el Espíritu de Dios reparte a cada persona «*como él quiere*» (1 Corintios 12:11). Santiago aconsejó que en todo cuanto hagamos estemos siempre contentos con la voluntad de Dios, y reconozcamos que haremos nuestros deseos, «*si el Señor quiere*», y que solo si él lo desea «*viviremos y haremos esto o aquello*» (Santiago 4:15).

Esa verdad bíblica pone a Dios por encima de todo cuanto existe, y muestra que Dios es soberano. Dios no desea que le sirvamos con una obediencia forzada. Él quiere que le obedezcamos por amor a lo que él es y significa para nosotros. Por eso nos dio libre albedrío para que le sirvamos sin obligación. Él no desea que un universo atestado de autómatas le adore, eso sería darle la razón a Satanás, que lo acusa de tirano. Dios te ama, pero anhela que lo ames si quieres.

Gracias a esa sabia realidad impuesta por Dios a la humanidad es que el padre escuchó con calma al hijo ingrato que planeaba abandonarlo. La decisión divina sostiene los cimientos del reino de Dios: buen juicio y amor desinteresado. Son estos principios los que hacen que su reino exista sin que se rompa la armonía perfecta de su gobierno. Eso justifica la existencia del sagrado derecho a elegir que Dios concedió a sus criaturas. Esa es la verdad que condujo a Juan a una categórica caracterización del Creador del universo. Gracias a ella exclamó: «*Dios es amor*» (1 Juan 4:8). Y toda la naturaleza y la Biblia misma declaran que desde la eternidad el amor es la base suprema del gobierno divino.

Dios envió a su hijo para ofrecernos mucho más que unos pocos bienes materiales. Él vino «*para dar su vida en rescate por muchos*» (Mateo 20:28). El verdadero símbolo del amor es que «*él puso su vida por nosotros*» (1 Juan 3:16). Juan recordó que «*Dios no envió a su Hijo al mundo para condenar al mundo, sino para que el mundo sea salvo por él*» (Juan 3:17). Por lo cual Dios no acepta ningún servicio que no sea por amor, porque no envió a su Hijo al mundo para quitar, ni conquistar bienes; él vino a darnos vida, a «*dar vida en abundancia*» (Juan 10:10).

Los seres humanos exigen todo lo contrario a la voluntad divina. Calígula y Cambises fueron ejemplos de la perversidad del orgullo humano. Calígula, el emperador romano, decía a menudo: «No me importa que me odien, pero que me teman». Cambises, el hijo de Ciro el Grande, no era menos egoísta; un día llamó a Creso, un rey que derrotó y convirtió en esclavo suyo. Cuando Creso se paró ante Cambises este le preguntó: «Creso, dime: ¿en qué no he sido capaz de superar a mi padre?». Creso, quien había sido rey de Lidia y a la sazón vivía derrotado y perdonado por su captor, permanecía condenado a servir a Cambises como un fiel perrito faldero. Su vida era poca cosa más digna que la de un esclavo.

Ante semejante pregunta, Creso temió más por su vida que por la posibilidad de no complacer al orgulloso monarca, por lo que trató de ser lo más indulgente posible; así que, usó su inteligencia lo mejor que pudo, meditó profundo por un instante y recordó que el tirano sufría porque la naturaleza le había privado de la posibilidad de procrear. Entonces le dijo: «No has sabido darnos un hijo tan inteligente como el que nos dio tu padre». Con el delirio de grandeza que padecía el rey, se sintió alagado por la fina lisonja y Creso volvió a preservar su existencia.

Son actitudes fundadas sobre el orgullo, el egoísmo y la avaricia, que contradicen la explícita voluntad de Dios que es amor. Calígula y Cambises se inspiraban en el orgullo y el egoísmo. Infundían miedo a quienes les servían. Porque el fundamento primordial de sus gobiernos era infundir el pánico. El orgullo es la base del gobierno de Satanás. Durante milenios el egoísmo y el miedo han sido las armas predilectas de Satanás. Estas también son las armas favoritas de cuantos tiranos existen en el mundo. Pero Jesús dejó una lección puntual: *«y les repartió sus bienes»* (Lucas 15:12).

Hace muchos años, cuando apenas comenzaba mi ministerio, en una pequeña iglesia de mi distrito encontré una señora que estaba muy disgustada con Dios y con la iglesia. Un día fui a visitarla con el propósito de ayudar a su salud espiritual. Cuando nos sentamos a dialogar sobre su experiencia cristiana, salieron a relucir algunos de los males que la aquejaban y que eran la causa de su rebelión contra Dios.

Estaba amargada hasta los tuétanos. Tenía quejas de los hermanos de la iglesia y de cuantos la rodeaban hasta en su propia casa. Era una mujer insatisfecha. Hasta acusaba a Dios de no escuchar sus muchas oraciones y súplicas. Traté de hablarle y de animarla sin éxito durante largo rato, pero no lograba nada. Hasta que le dije: «usted que se siente tan desatendida de su iglesia, y especialmente de Dios, que acusa a Dios de no darle nada, ¿le devuelve a Dios la parte que es de él?». Hasta ese momento había estado sentada frente a mí con tranquilidad absoluta, pero cuando escuchó la pregunta se puso en pie, se lanzó bruscamente hacia adelante, y muy próxima a mi cara manoteó con violencia y gritó: «No voy a dar dinero para que usted se ponga esas corbaticas bonitas que siempre trae».

Hermana —le dije—, Dios no quiere nada suyo, él solo desea ser generoso con usted. Ahora me doy cuenta por qué se siente tan abandonada de todos. Si usted continúa disgustada con Dios, voy a seguir usando estas corbatas, porque no las compro, me las regalan; pero usted seguirá perdiendo las ricas bendiciones del único que da algo sin esperar nada a cambio.

Un refrán resume el egoísmo: «El nervio que más duele cuando lo tocan es el que va directo al bolsillo». Salomón advirtió: «*Hay quienes reparten, y reciben más de lo que dan. Y hay quienes retienen más de lo que es justo; y van a pobreza*» (Proverbios 11:24). Pablo dijo: «*El que siembra escasamente, también segará escasamente; y el que siembra generosamente, generosamente también segará*» (2 Corintios 9:6). El verdadero interés de Dios no está en los bienes, sino en nuestra salvación.

Jesús contrastó el egoísmo del hijo con la generosidad y buen juicio del padre. Y puso de manifiesto la ley por la cual todos somos capaces de demostrar al mundo cuál es nuestra verdadera intención: la ley del libre albedrío.

La realidad es que Dios no desea un servicio obligado de ninguno de nosotros. Si Dios nos hubiera creado sin la posibilidad de pecar, entonces seríamos máquinas al servicio de un creador egoísta; pero él nos creó para que fuéramos felices en libertad y eligiéramos por nosotros mismos a quien servir. Por eso permitió que Eva y Adán comieran del fruto prohibido. Ellos tuvieron su elección y eligieron mal. Su descendencia sufre los resultados.

Nuestros actos revelan el carácter que nos hemos formado. Un día los discípulos se acercaron a Jesús preocupados y le dijeron: «*Maestro, la gente te abandona*», y Jesús les dijo: «*¿Queréis acaso iros también vosotros?*» (Juan 6:67). Fue Pedro quien dio la respuesta correcta: «*¿A quién iremos? Tú tienes palabras de vida eterna*» (Juan 6:68). A Dios se le puede llamar el Dios de las oportunidades, porque él da oportunidades y cada cual elige el rumbo que desea dar a su vida. ¿Quieres lo tuyo? Ahí lo tienes. ¿Quieres irte? Vete.

Una lección se desprende de la generosa actitud del padre en la parábola: Dios es un Dios supremo, pero a la vez comprensivo y amoroso. Él es amor (1 Juan 4:8). Una de las circunstancias que más me ayudó a comprender el desinteresado amor de Dios fue el haber nacido dentro de una familia numerosa. Las familias numerosas a menudo sufren muchas carencias y necesidades que los ayudan a preocuparse de otras personas. Los hijos únicos a veces sienten que todo lo merecen. Se vuelven egoístas.

Hace años presencié un hecho dramático: una madre anciana y su esposo, también viejo, yacían tirados en una vieja cama dentro de un pequeño y empobrecido cuarto. Ambos habían perdido la mente, la enfermedad y los achaques los consumían y estaban a punto de llevárselos de este mundo. Pero afuera del cuarto su único hijo decía:

—No sé cuánto va a durar esta situación; me ha tocado un verdadero castigo.

—No te sientas mal, recuerda lo que ellos hicieron por ti.

—Usted lo ve fácil porque ustedes son muchos y compartirán el problema cuando les llegue.

—Recuerda que cuando en tú casa había un solo dulce era para ti; en cambio, en la mía había que compartir un dulce entre ocho hermanos y apenas alcanzábamos una migaja.

Mientras debatíamos la miseria incomprendida que el hijo sufría con el cuidado de sus ancianos padres, yo recordaba a aquel anciano cuando todavía era un hombre fuerte. Salía todos los días a la calle y caminaba kilómetros mientras vendía caramelos y golosinas para ayudar a su único hijo que estudiaba una carrera universitaria. Pero el hijo, graduado universitario y satisfecho por los logros académicos alcanzados, apenas soportaba la presencia del par de guiñapos humanos que yacían inermes dentro del austero y escaso espacio donde los había confinado.

La diferencia que distingue al hombre de Dios presenta el indiscutible contraste entre el Dios que nos creó, nos redimió y aún nos sostiene, y la criatura orgullosa y egoísta que rompe con los vínculos que una vez lo convirtieron en lo que es: un ser pensante e independiente; que muchas veces ignora que la verdadera felicidad depende de la relación con su Creador.

Con quince palabras Jesús expuso a sus oyentes la diferencia que existe entre el pensamiento humano y el divino: «*Padre, dame la parte de los bienes que me corresponde... y les repartió los bienes*». La declaración resalta el carácter egoísta del hombre frente al carácter amante y desinteresado de Dios.

Cristo presentó a la humanidad un Dios cuyo amor es el más generoso de todos, que a pesar de la rebelión humana nos permite la oportunidad de escoger nuestro destino personal. Es a esta oportunidad de elección a la que llamamos «amor liberador», porque es un amor que muestra a un Dios desinteresado que, junto a la posibilidad de que existamos, también nos regala la oportunidad de elegir un destino en libertad absoluta.

Un comentarista bíblico señaló que «las parábolas de la oveja perdida y de la moneda perdida dan realce a la parte de Dios en la obra de la redención, mientras que la parábola del hijo pródigo destaca la parte que tiene el ser humano en responder al amor de Dios y actuar en armonía con él» (Nichol, 1990). La declaración justifica la desconcertante decisión del padre ante la inesperada actitud del hijo, y pone de manifiesto que Dios hace su parte y realiza todos los esfuerzos posibles para salvarnos. Pero también enfatiza que el derecho a elegir se impone, y lo tenemos nosotros.

La grandeza de Dios está en que cada ser humano tiene la oportunidad de responder a la iniciativa divina. Por lo que Jesús aconsejó: «*Mas buscad primeramente el reino de Dios y su justicia, y todas estas cosas serán añadidas*» (Mateo 6:33).

Resumen

Si tu hijo vive lejos de tu hogar, no te entristezcas demasiado, pero no lo abandones jamás, porque Dios le dio la libertad de elegir. Ruega por él y espera en Dios. Con razón se ha dicho: «Después que nuestros hijos crecen, lo único que podemos hacer por ellos es orar y confiar en Dios». Hazlo y el éxito te acompañará.

Capítulo 4

CARENTES DE AMOR

El primero de enero de 1959 marcó un antes y un después en la historia de Cuba. Los principios históricos y convicciones espirituales que durante decenas de años sirvieron de base a la sociedad y a la familia cubana rodaron por el suelo. El gobierno comunista de un golpe los derrumbó, pisoteó ante la presencia exánime del pueblo y los sustituyó por postulados filosóficos importados de países marxistas euroasiáticos.

El ateísmo inundó las escuelas e impregnó la mente de la inmensa mayoría de la juventud. Las ideas comunistas llenaron casi todos los espacios sociales y el gobierno las radicalizó como fundamento básico de un supuesto materialismo dialéctico que rayaba más en fanatismo político e ideológico que en un cambio filosófico real.

Los razonamientos del materialismo filosófico ocuparon de golpe el primer plano en los aspectos cotidianos de la vida de la mayor parte de los cubanos. La nueva filosofía invadió cada espacio social: las guarderías, las escuelas públicas, los centros de trabajo, la vida social en todos los niveles, el ámbito espiritual y hasta el contexto familiar. El materialismo enfermizo de la mentalidad comunista sustituyó los antiguos cimientos y concepciones espirituales de la población.

Fue una época de enormes cambios sociales. Mucha gente abandonó a Dios y cambió lo espiritual por lo material: Dios fue sustituido por el estudio de las ideas marxistas, el respeto a la familia por la obediencia ciega al sistema político, las amistades creyentes por las secularizadas, la Biblia por los textos ateos de Carlos Marx, Federico Engels y Vladímir Ilich Lenin, la Navidad por las fiestas políticas; y además, combatieron y persiguieron con fiereza a quienes enseñaran conceptos creacionistas y recordaran la fe en Dios o en cualquier deidad. Ni el diablo escapó ileso de la persecución comunista. Porque el comunismo es la máxima expresión diabólica que impone a sus víctimas hasta el abandono del paganismo. Todo acto de fe fue perseguido y proscrito.

Según decían, había que extirpar de raíz los tabúes que pertenecían a un pasado de oscuridad e inconsciencia social heredado del capitalismo salvaje. La frase clave era: «La religión es el opio de los pueblos». Los emborracharon con promesas de bienestar y prosperidad ilimitadas. Mucha gente eliminó o escondió todo vestigio de Dios.

Antes del sorprendente fenómeno social las puertas de muchos hogares estaban adornadas con un pequeño letrero de metal fundido que decía: «Solo Cristo Salva»; pero en poco tiempo muchos sustituyeron esos mensajes cristianos por una chapilla de lata de mala calidad que decía: «Fidel esta es tu casa». Miles, o tal vez millones de personas, rompieron con el pasado espiritual de la familia cubana y enfilaron hacia un futuro materialista basado en la dialéctica europea del siglo XIX. Mucha gente abandonó todo cuanto evocaba el amor y el culto a Dios. La fe en Dios parecía derrumbarse por completo.

Ocurrió un abandono casi masivo de la confianza en el padre celestial. La mayoría corrió tras las promesas de un futuro glorioso creado por el hombre. El nuevo hombre sin Dios del Che Guevara era la meta que todos querían alcanzar. Pero alcanzaron lo mismo que el hijo pródigo encontró lejos de su padre.

La historia bíblica del hijo pródigo describe un proceso semejante dentro del corazón humano. La actitud del hijo perdido explica el proceso de descomposición que ocurre cuando la gente abandona a Dios. Cuando el hijo pródigo pidió a su padre la parte que consideraba suya por derecho propio, no dijo lo que haría después con ella, lo más probable es que ni siquiera había pensado en ese detalle. Pero el padre mostró su buen juicio al complacer la petición del hijo sin el más mínimo reparo. Por eso exhibió las bases de su gobierno: amor y libertad plenos. A partir de ese instante correspondía al hijo recién liberado decidir lo que haría con esa parte reclamada para sí con vehemencia.

Por eso Jesús continuó: «*No muchos días después, juntándolo todo el hijo menor, se fue lejos a una provincia apartada; y allí desperdició sus bienes viviendo perdidamente*» (Lucas 15:13). Quienes abandonan la fe a veces dicen: «Créanme, ahora estudiaré más y cumpliré con cada uno de mis deberes como nunca lo había hecho. Solo necesito darme un tiempito con Dios para solucionar algunas cuestiones íntimas». Es la misma historia del pródigo que se repite una y otra vez en quienes piensan como él pensó.

Casi siempre ocurre que no muchos días después se agravan los problemas espirituales. Isaías advirtió que quienes abandonan a Dios no pueden vivir tranquilos: «*Los impíos son como el mar en tempestad, que no puede estarse quieto*» (Isaías 57:20). Del mismo modo, los que se alejan de Dios no se detienen ni un segundo de sus vidas. Por eso el hijo perdido enseguida salió de la zona de confort hogareña.

Cuando menos la familia lo esperaba el hermano menor puso en práctica su plan personal. Nadie evitó sus acciones. El largo proceso de descomposición humana y espiritual que había comenzado en la vida del hijo demostró que cuando el ser humano se libera de Dios toma el camino equivocado. Sin el gobierno divino la vida y las decisiones personales navegan a la deriva en un mar de dificultades inesperadas. De ahí en adelante los actos cometidos tendrán repercusiones futuras para bien o para mal.

En medio de la desatinada ambición personal, el inexperto muchacho resbaló hacia el camino de la apostasía. No esperó mucho para iniciar la caída. Rara vez el derrumbe ocurre durante un largo proceso; por eso, poco tiempo después el joven tomó decisiones desafortunadas que lo condujeron a sufrir una serie de colapsos que lo sumirían en un estado inevitable de abandono personal.

Desprecio del patrimonio familiar

La primera decisión desafortunada del hijo pródigo fue el desprecio de cuanto antes amó. En un abrir y cerrar de ojos se deshizo de lo que alguna vez fue de valor para él y de lo que antes constituyó motivo de satisfacción familiar. Jesús dijo: «*Juntándolo todo*». La declaración equivale a vender cada artículo o parte de su herencia para proyectar su vida en otro sentido.

Esta acción fue el desarrollo de la primera etapa del proceso de corrupción personal que comenzaba a desarrollarse en el interior del joven. Pensaba que lo único que necesitaba era la emancipación de la tutela del padre, pero ignoraba que su vida era dirigida por fuerzas internas y externas más poderosas que él mismo. Cuando los cristianos piensan que sin Dios les irá mejor, ya están bajo el hechizo del príncipe de las tinieblas.

Su decisión no dejó dudas, porque reveló el deterioro espiritual que dentro de él se incubaba. Como una radiografía revela los males ocultos del cuerpo humano, su proceder reveló el carácter del joven dañado por una filosofía materialista y hedonista de la vida. El hedonismo sugiere: vine al mundo a tener bienes y a gozar la vida. Así que, «Juntar todo» significa más que vender las tierras de la familia, más que deshacerse de las siervas y siervos heredados, más que el sacrificio o negocio con los animales que una vez los enriquecieron, más que transferir a otros dueños los sembrados y granjas donde el esfuerzo de cada miembro de la casa había dejado una huella indeleble, más que vender las casas y carros que hasta hacía poco habían significado el refugio y el sustento de cada heredero futuro, y fue más que deshacerse de los medios económicos que formaban parte de la herencia recibida. Las dos palabras de la frase definen el desencadenamiento lógico de un proceso de descomposición personal que desde antes se desarrolló dentro del iluso joven.

Así que «*Juntarlo todo*» significa el desprecio de lo que una vez fue importante para él y que aún lo era para su familia. Significa el olvido hasta de los recuerdos más íntimos del pasado hogareño que abandonó con aquella acción. Al hijo menor no le importó nada, ni le interesó nadie, lo único que para él tuvo sentido fue la realización de su propia voluntad a cualquier costo posible y la conversión de la herencia en dinero para gastar.

Soy el hermano mayor de una familia de ocho hijos: dos hembras y seis varones. Mi madre heredó de su padre una pequeña parcela de tierra, que él había sembrado de árboles que fructificaban cada año. Cuando nací ya había allí deliciosos mangos, dulces naranjas, agradables ciruelas; había casi una decena de variedades de mangos dulces y otros frutos. Cada temporada daba gusto aspirar el aire que transportaba el delicioso aroma de las distintas flores y frutas. La fragancia inconfundible de las diferentes variedades de guayabas era arrastrada por la suave brisa hasta cada rincón del frutal.

Los cocos, las toronjas, las mandarinas, los tamarindos y otras frutas que papá había agregado al frutero de mamá, convirtieron la pequeña propiedad en un oasis para nosotros y para una buena parte de los vecinos. Disfrutábamos de una herencia que se convirtió en una reliquia familiar. Mamá decía: «Quiero que todos mis hijos vivan aquí cuando crezcan». Ella imaginaba cómo quedarían ubicadas las viviendas de sus ocho hijos.

De vez en cuando repetía: «No quisiera que un día ustedes vendieran esto, o metieran extraños aquí, porque este pedazo de tierra me lo regaló papacito». Mamá consideraba sagrada nuestra propiedad, la veía más grande que un pequeño pedazo de tierra de unas pocas hectáreas cuadradas; para ella representaba la historia de toda una vida familiar. En cada metro cuadrado y en cada árbol había un pedazo de su propia vida, o de la vida de cualquiera de nuestros antepasados.

La especie humana ha repetido las mismas tradiciones durante milenios. El ser humano es el mismo: un eterno devoto de sus anhelos más íntimos, de sus recuerdos más acariciados, de sus aspiraciones más increíbles, de sus sueños más irrealizables, de sus sentimientos más profundos y hasta de los fracasos que fijaron en la mente recuerdos indelebles del pasado. Las aspiraciones humanas viven entretejidas con los valores familiares más valiosos de cada individuo. En cualquier propiedad familiar cada metro cuadrado de tierra y cada árbol en particular refieren una historia, porque hablan del amor con que nuestros abuelos y padres erigieron nuestras familias.

De repente aparece uno dentro de la propia familia que pide una parte, quizá la tercera parte de todo, y de un solo golpe se deshace de lo que, hasta entonces, constituyó el orgullo de los miembros de la familia. (Según la tradición judía, cuando eran dos hermanos al menor le pertenecía la tercera parte de la herencia).

Cualquiera imagina la tragedia de la familia cuando vieron como el joven vendía parte de la propiedad que durante años significó el sustento de todos en casa. La acción acarreó tristeza sobre el hogar. Porque «juntándolo todo» significa que convirtió en efectivo cada valor económico que le correspondió de la herencia. Por su decisión se perdieron de muchos de los valores económicos indispensables para realizar un buen negocio: tierras, sembrados, animales, huertos, inmuebles y cuanto producía ganancias financieras en la propiedad familiar.

Pero con aquella venta también desaparecieron los valores éticos, morales, sentimentales, históricos y espirituales del hijo menor. Cada pariente sufrió angustiado cuando el joven pisoteaba los principios familiares y renunciaba a la compañía de cada uno de sus seres amados. Con el hijo también desaparecieron algunas de las tradiciones más apreciadas de la familia y muchos de los valores de la educación religiosa cultivada en él desde la niñez más tierna. En un instante se esfumó la aspiración de todo buen padre: que la familia viva unida.

Cuando abandonamos a Dios dejamos de pensar en los demás. El egoísmo controla al ser humano sin Dios. Mamá o papá dejan de importar a los rebeldes. El razonamiento carnal sugiere: «si sufren, que sufran, pero yo tengo que divertirme a mi manera; a nadie le importa lo que yo hago o pienso. Yo hago con lo mío lo que me viene en ganas». La frase es vieja y repetitiva en el mundo que nos rodea. Es el pensamiento común de la mayoría de los que deciden vivir una vida libre de sujeción y se emancipan de las interferencias familiares, para entregarle el control de sus vidas al diablo. Son hijas o hijos que se olvidan de la oportuna advertencia de Pablo: «*Porque ninguno de nosotros vive para sí, y ninguno muere para sí*» (Romanos 14:7). Jesús mismo dijo «*El que conmigo no recoge desparrama*» (Mateo 12:30).

Qué sucedería si a mitad del sermón se muere un hermano dentro del templo y el pastor detiene el sermón y dice: por favor, los diáconos saquen al difunto del templo y pónganlo en un aula hasta que terminemos la reunión. ¿Habría alguna iglesia en el mundo que tolerara una decisión de ese tipo? Les importamos a los demás. Si un hermano muere en pleno sermón, lo más probable es que el culto termine.

El egoísmo nos induce a ignorar que los seres humanos dependemos unos de otros. Fue el egoísmo el que condujo al joven de la parábola a dejar los escrúpulos y desintegrar lo que antes tuvo sentido para él. El joven fue víctima de una tendencia que anuncia las mismas consecuencias para quienes todavía se proponen tomar el mismo camino del pródigo. Con razón se ha dicho que «el pecado ciega a los culpables».

Eduardo era un joven cristiano como cualquier otro de los que vemos en la iglesia. Se había casado con una joven cristiana como él. De esa unión habían recibido el maravilloso regalo de dos saludables y hermosos vástagos. Ambos, madre y padre, ocupaban importantes puestos de responsabilidad en la iglesia. Tenían un hogar encantador, que parecía un pedazo de cielo en la tierra, donde la felicidad, como dice un viejo adagio: «Les salía hasta por los poros».

Un día Eduardo se enamoró de otra mujer. Sin el menor sentimiento de culpa destruyó el hogar que con tanto esfuerzo y oración había construido junto a su familia. Fue un caso triste. Los vecinos se sorprendieron con la noticia. Lo que más sorprendió a los hermanos de la iglesia fue el modo como Eduardo procedió con su familia, porque los desposeyó hasta de los más elementales medios de subsistencia. Quienes conocían a Eduardo se negaban a aceptar que su actitud era real, y decían: «¡No es verdad que eso está sucediendo!». Pero nadie pudo persuadir al infiel de que actuara de un modo más justo y razonable con sus hijos y con la que antes había amado.

El pecado ciega a los culpables y conduce al pecador a la rebelión y al abandono de los principios universales establecidos por Dios que es santo. Esa es la única explicación que se le puede dar a los hechos desafortunados que propician la separación de quienes antes se amaban y respetaban como familia y de repente abandonan los principios que antes sostenían sus vidas. Huyen de su propia casa y eligen a otra pareja para probar suerte en un mundo hostil y enfermo. La rebelión es una enfermedad que provoca crueles separaciones, que destruye la familia, deforma la sociedad y distorsiona los más entrañables anhelos de la especie humana.

El espíritu de rebelión obliga a que se violen los votos más sagrados, se traicione la palabra empeñada, se falte el respeto a los demás y hace que la mentira sustituya con frecuencia a la verdad. En medio de la crisis de egoísmo, como una consecuencia inevitable, también sobreviene el abandono de la familia, de los hijos y de todo cuánto alguna vez se amó de corazón.

Cuando el ser humano se separa de Dios, con frecuencia desprecia hasta los más queridos ideales y sentimientos. Pablo dijo: «*Porque ninguno de nosotros vive para sí, y ninguno muere para sí*» (Romanos 14:7); esta verdad marca la diferencia y hace que nos convirtamos en enemigos del egoísmo. Existen historias de personas que vencieron la egolatría y amaron al prójimo. La familia es el pequeño núcleo celular que compone la sociedad humana; y cuando nos separamos de ella y despreciamos los valores familiares establecidos por Dios, descendemos cuesta abajo hacia una catástrofe espiritual de magnitud impredecible.

Huir de Dios produce una reacción en cadena que pone en riesgo la vida de quienes deciden emanciparse de los requerimientos divinos. A menudo, a un paso equivocado sigue otro peor.

Destierro voluntario de sí mismo

El joven pródigo también eligió el camino del destierro voluntario. Esa fue la segunda decisión desafortunada que tomó. Estaba decidido a huir de casa y de quienes amó. No amaba a nadie, porque se amaba a sí mismo más que todo. El amor propio desproporcionado es la consecuencia del desarrollo incontrolable de una actitud egoísta.

En Cuba, mi país natal, existe un dicho que dice: «Nadie quiere a nadie». Es un refrán que nació de la ausencia de Dios en los corazones de las personas. Es fruto del vacío existencial que creó la revolución comunista, vacío en el que los cubanos viven hace más de sesenta años. Es la frase que silencia las conciencias en un país influenciado por el materialismo ateo que impregna la política del estado desde que el niño nace hasta que se muere ya viejo. A quienes se les enseña que son animales racionales sin derecho a razonar.

Es una frase que justifica el egoísmo individual y colectivo en una nación que dio la espalda a Dios. Es una expresión que ayuda a la gente a huir de la misérrima realidad en que viven y los obliga a concentrar en sí mismos todas sus fuerzas y cada uno de los recursos que encuentran para subsistir. El refrán conduce a las personas a la separación social, al abandono de la familia y ayuda a la gente a romper con los compromisos y responsabilidades contraídas con el hogar paterno o el propio. Por eso muchos cubanos elegimos el exilio; pero el hijo perdido eligió el destierro para huir de la abundancia del padre y crear la suya propia.

Jesús dijo: «*Se fue lejos a una provincia apartada*» (Lucas 15:13b). La elección del camino del destierro voluntario demostró el desprecio del joven por lo familiar y por las cosas que antes estimaba. Fue una manifestación pública de que tampoco quería a nadie, de que ninguno de sus seres amados le importaba y de que veía a todos como un estorbo para su vida y planes personales. La acción es una repetición del mal que atacó a Eva y Adán cuando desobedecieron y comieron del fruto prohibido. Dios creó a Adán y Eva perfectos y los puso en el huerto de Edén. Luego les ordenó: «*Por tanto, dejará el hombre a su padre y a su madre*» (Génesis 2:24). La independencia recomendada por Dios a Adán y Eva se refería a una separación física de los ancestros paternos y no a una ruptura espiritual con ellos. Él quería que la familia humana permaneciera unida entre sí, y a la vez unida a él. Pero el drama del pecado alteró el programa divino.

La primera sorpresa que se registra en la relación hombre-Dios se describe como un hecho dramático: «*Y oyeron la voz de Dios que se paseaba en el huerto, al aire del día; y el hombre y la mujer se escondieron de la presencia de Jehová*» (Génesis 3:8). El pecado hizo al hombre huir de su Creador.

Después del tenue señalamiento hecho por Moisés en el versículo ocho, en el nueve aparece un breve diálogo que explica el profundo amor de Dios por la pareja que huía: «*¿Dónde estás tú?*» (Génesis 3:9), preguntó Dios al hombre. «*Oí tu voz en el huerto, y tuve miedo, porque estaba desnudo, y me escondí*» (Génesis 3:10), respondió el hombre, aterrado por el profundo sentido de culpabilidad personal que lo agobiaba.

Para Dios debió ser horrible ver a la pareja huyendo espantada de su Creador. Me gusta la expresión pronunciada en clase por uno de nuestros profesores: «El pecado distorsiona la imagen de Dios en el hombre». Dios creó a Adán y Eva con sus manos y les dio las comodidades que disfrutaban, pero de repente desobedecieron y vieron a su Creador como un monstruo que los perseguía y podía dañarlos. Por eso huyeron de él y se escondieron.

Poco tiempo después del doloroso incidente, sucedió otro caso aún más dramático que el de Adán y Eva. El hecho se registra en tan pocas palabras que pasa inadvertido ante muchos creyentes sinceros: «*Salió, pues, Caín de delante de Jehová, y habitó en tierra de Nod, al oriente de Edén*» (Génesis 4:16). ¿A dónde fue Caín después de su disputa con Dios?

La Biblia no lo dice expresamente, pero un análisis sencillo demuestra que Caín, más que «salir de la presencia de Jehová», huyó de Dios y de lo que le recordara una relación con su Padre celestial. La propia referencia bíblica indica con una sola palabra, «Nod», el lugar a donde huyó el primer asesino de este mundo. La palabra Nod significa «errante», sin un lugar determinado (Referencia marginal de la Biblia Reina Valera). La frase siguiente define mejor el rumbo de la huida de Caín, porque lo ubica yendo *«al oriente de Edén»*. A simple vista no parece fácil percibir la importancia del rumbo que tomó Caín al huir de su Padre celestial, pero investigar ayuda a que comprendamos el impacto negativo de la decisión de Caín para sí mismo y su descendencia.

La ubicación del huerto y la presencia de Dios en el Edén estaban relacionadas con el oriente: *«Jehová Dios plantó un huerto en Edén, al oriente»* (Génesis 2:8), y *«puso al oriente de Edén querubines, y una espada encendida que se revolvía por todos lados, para guardar el camino del árbol de la vida»* (Génesis 3:24). Así que la puerta del Edén miraba hacia el oriente, porque los querubines custodios estaban en la puerta para impedir que la pareja pecadora regresara al jardín y comiera del árbol de la vida y vivieran para siempre en pecado. Y Caín huyó «al oriente de Edén».

La decisión de Caín no fue un acto sin importancia, porque él dio la espalda a Dios. Es lo que dice la Biblia: *«Salió, pues, Caín de delante de Jehová y habitó en tierra de Nod, al oriente de Edén»* (Génesis 4:16). Razonemos: si la puerta de Edén miraba al oriente y los querubines estaban allí, y Caín salió de la presencia de Jehová a tierra de Nod, que significa tierra de nadie, y caminó hacia el oriente en busca de un lugar inhóspito donde establecerse lejos de Dios y de sus padres; entonces lo que dice la Biblia es que Caín dio la espalda a Dios.

Caín miró al oriente y la puerta de Edén, donde se manifestaba la presencia de Dios, quedó a sus espaldas; por lo tanto, cada paso de Caín hacia oriente, lo alejaba de Dios un paso más. Cada paso más lejos, así se titula el sermón que tengo sobre este hecho bíblico. Caín huyó de Dios y se alejó cada vez más de su Creador. Él dejó atrás a su Padre celestial y a su familia terrenal. Mató a su hermano Abel y se apartó de quienes le pudieran recordar el crimen que había cometido.

Muchos pecadores, cuando pecan, optan por huir de Dios despavoridos. Quienes antes se consideraban hermanos, huyen y se esconden de quienes eran vistos por ellos como familiares. Antes adoraban juntos, unían sus voces en alabanza a Dios, se comportaban como hijos de Dios, vivían en hermandad y disfrutaban de una relación espiritual fructífera; pero desconfiaron de Dios y pensaron que ya Dios no les era útil. Lo abandonaron. Dieron la espalda a Dios.

La decisión de renunciar al Padre provoca que los puntos de vista cambien. Por eso el auto desterrado hijo temió de quienes antes amaba. Algunas frases actuales recuerdan las escenas de Eva y Adán escondiéndose de Dios, Caín alejándose de ellos y el hijo pródigo marchando al destierro voluntario; esas expresiones son: «Cuidado, que ahí viene el pastor», o «escóndete, que ahí viene fulano», o cualquier otro seguidor de Jesús. Los santos no se esconden, andan en la luz de Dios. Al rebelde le parece que sus antiguos hermanos lo persiguen y huye de ellos. Se esconde.

Los hermanos preguntan extrañados: ¿Si hace poco era nuestro hermano, por qué huye de nosotros? La respuesta es sencilla: El pecado distorsiona la imagen de Dios en el hombre. El pecado hace ver a Dios como un tirano, al pastor como un intruso y al miembro de iglesia como un espía que vigila sin descanso los actos del pródigo. Por eso los hijos pródigos buscan desesperados el alejamiento continuo de todo lo que les recuerde la obediencia a Dios. Nadie les dijo a Eva y Adán que se escondieran de Dios. A Caín tampoco Dios lo expulsó de su presencia. Ellos mismos eligieron irse lejos de Dios y de la familia fiel. Por la misma razón el joven pródigo de la parábola también se auto condenó al destierro.

Esa es la amenaza que pende como la espada de Damocles sobre quienes desean independencia de Dios sin calcular los costos de irse «lejos a una provincia apartada». La corta declaración trasmite un mensaje inconfundible: cuando se toma la decisión de huir de Dios es porque no se desea más estar en el ambiente divino, ni compartir con quienes una vez tuvieron algún significado para el que se aleja del hogar paterno. Por iniciativa propia el pecador deja atrás a familiares y amigos, rompe con el pasado de obediencia y se aleja de Dios. Pero quien ama a Dios hace lo contrario, cuando Cristo llama al pecador, este, por iniciativa propia, huye hacia su Padre celestial; porque se aleja del pecado que lo acecha.

El olvido del padre, el desprecio de la familia, el cambio de amigos fieles por infieles y el abandono de la ética de un hijo obediente, revelan el verdadero sentido de intereses personales extraviados. Lo que más deseaba el pródigo era el abandono de las leyes que rigen al ser en lo físico, en lo moral, en lo espiritual y en lo económico. Por eso: «*Se fue lejos a una provincia apartada*». La decisión reveló que no deseaba más intromisiones en su vida.

Él ansiaba libertad plena y la obtendría a cualquier costo posible. El joven representa a un grupo de gente. El hermano menor representa a «publicanos y pecadores», quienes, seducidos por los vicios y ambiciones mundanas, se alejaban de Dios por su propia voluntad, y sin aparentar nada vivían su pecadora vida con la más absoluta libertad. Quienes pecan a la vista de todos ya no les importan las críticas de la gente. Sus vidas establecían un agudo contraste con la manera de vivir de escribas y fariseos (Nichol, 1990).

Existen padres atribulados porque sus hijos amados se arriesgan a la posible pérdida del hogar celestial. Apenas ellos comienzan a alejarse del hogar paterno, los desesperados padres suplican: «Pastor, haga algo por mi hijo, parte el corazón verlo alejarse de ese modo; cada día que pasa es peor y peor... ¿Hasta dónde llegará nuestro hijo?» Les digo: hermanos, oremos juntos, en este momento no queda mucho que hacer por él.

La experiencia sugiere que en casos como estos lo mejor es hablar dos o tres veces con el rebelde, y dejarlo solo con Dios y su conciencia y aplicar la recomendación que ya mencionamos antes: orar por ellos y esperar en Dios. Si el hijo no reacciona al llamado del Espíritu Santo, se hundirá en las tinieblas del pecado y perderá hasta lo que más amaba. Despilfarrará todo lo que posee.

Despilfarro de los bienes personales

Daba lástima un joven que entró una noche a la iglesia. Su ropa sucia y raída por todas partes anunciaba una situación de indigencia. Vestía de harapos y su talante indicaba un abandono total de sí mismo. Cuando lo saludé frente a la puerta de salida del templo su cuerpo emanaba un efluvio apestoso que la gente repelía al instante. Su aspecto pordiosero inspiraba lástima a cuantos lo miraban o procuraban relacionarse con él. Pero cada noche entraba al templo y escuchaba la conferencia sentado entre la gente.

Una noche, cuando salí al vestíbulo a saludar a los hermanos y despedir a los asistentes, el joven se me acercó y balbució entre dientes:

—Pastor... ¿Puede usted escucharme unos minutos?

— Claro que sí, cuando despida a todos nos veremos en mi oficina.

—No quiero ser largo —dijo, ya en la oficina, mientras las lágrimas le humedecían las mejillas—. Pastor. No tengo que explicarle mucho. Al verme sabe cómo estoy. No tengo dónde vivir. No tengo a nadie. Pero tampoco quiero que me den nada..., no vine aquí a pedir. Nunca conocí a mi padre y mi madre me abandonó y vive en los Estados Unidos. Ella y yo estamos disgustados desde hace mucho tiempo. Oí decir que en estos días usted viajará allá y vine a pedirle que si ve a mi mamá le diga que me ha visto.

Después metió la mano en el bolsillo del pantalón y sacó un pedazo de papel sucio y ajado, era el número de teléfono de su madre; me lo entregó, y dijo:

—Si la ve, dígale cómo estoy.

Se había enterado de mi viaje y pensó que podría ayudarlo a reconciliarse con su madre. Lo animé a confiar en Dios, lo invité a seguir a Cristo, oré con él y le prometí que haría todo lo posible por encontrar a su mamá en Miami.

Pocos días después me encontraba ante una viejecita delgada y de mediana estatura, cuyas arrugas y sombrío rostro impedían el cálculo de la edad que tenía; pero aparentaba muchos. Su semblante era una radiografía que revelaba los sufrimientos de su corazón.

—Pase —dijo—, lo invité a venir acá porque no me gusta hablar de mi hijo por teléfono, y porque quería conocerlo en persona. Pedro —continuó—, es un mal hijo. Yo tuve que venir para acá a cuidar a su hermana que está muy enferma. No tuve otra opción. A él le dejé la casa con todo lo que tenía y le prometí ayudarlo dentro de las escasas posibilidades que tenemos; pero él empezó a juntarse con amigos y se entregó al vicio, y eso lo indujo a vender todo lo que le dejé. Vendió hasta mi casa de años. Por eso ahora no tiene nada y vive en la más absoluta indigencia. Y como si todo eso fuera poco ha desprestigiado a nuestra familia, y en especial me desprestigia a mí. Dígame usted, pastor, ¿qué puede hacer ahora por él esta pobre vieja?

Pedro era un hijo pródigo moderno. En algunos aspectos su historia se parece a la del relato bíblico: «*y al í desperdició sus bienes*» (Lucas 15:13c). En la parábola no se revelan detalles, pero cuando se dice bienes, pienso en todo cuanto se disfruta y se puede perder. La vida sin Cristo no es más que un desperdicio. El pródigo primero abandonó el hogar y luego surgió todo lo demás. No le bastó alejarse, sino que despilfarró los bienes que había reclamado a su padre como un derecho incuestionable que poseía.

El Diablo tienta a los pecadores a separarse de Dios. Esa es la única tentación que existe, después vienen el pecado y las consecuencias de la separación de Dios. Si Satanás logra que abandonemos a Dios, entonces usa los pecados como trampas para mantenernos alejados del Creador. Además, exige al pecador que le otorgue a él el servicio y la adoración que le pertenece a Dios.

A Jesús, el Creador y dueño del universo, Satanás le pidió: «*Todo te daré, si postrado me adorares*» (Mateo 4:9). Es posible que la mejor respuesta ante la tentación sea la que dio José en Egipto a la esposa de Potifar: «*Cómo haría yo este grande mal y pecaría contra Dios*» (Génesis 39:9). José estaba más preocupado por mantener su relación vertical con el Padre que en respetar el trato horizontal con su prójimo.

Potifar no fue la causa de la fidelidad de José. Para José el secreto del éxito radicó en una relación plena con Dios. La tentación del ser humano es desobedecer a Dios, pero cuando el pecador desobedece los pecados del mundo llegan a ser un placer en la vida de quienes ceden a la tentación.

Satanás tienta a desobedecer a Dios, y para lograr su objetivo usa cuantas trampas encuentra en su amplio arsenal: drogas, licores, sexo desordenado, perversiones y cada uno de los vicios que hacen que un hijo de Dios desobedezca a su Creador y se aleje lo más posible de la influencia divina.

A veces pregunto a los oyentes: ¿cuántas tentaciones existen? La gente dice: miles, millones. Luego sugiero: menciones algunas. Entonces gritan: drogas, alcohol, sexo, placeres, egoísmo y muchas más. Pero les digo: no es cierto. La gente se queda pasmada. Después explico por qué a veces somos tan débiles ante la única tentación que existe en el universo: desobedecer a Dios.

Lo común es que relacionemos la tentación con los pecados. Esto ocurre porque olvidamos que Eva y Adán no fueron tentados a pecar, sino a desobedecer a Dios. Cuando Satanás se transformó en la serpiente y le habló a Eva, en Edén no había pecado. El pecado no se conocía ni se practicaba en la tierra. La serpiente no invitó a Eva a pecar, sino a desconfiar de su Creador, a dudar de Dios; luego le entregó la fruta para que desobedeciera y ella lo hizo. Entonces entró el pecado como consecuencia de la desobediencia de Eva y Adán.

Por eso me gusta la reacción de José, porque él no miró el ofrecimiento indecente de la esposa de su amo; sino que miró arriba, a Dios que lo miraba. José no dijo: «Cómo haría yo este mal a mi amo», ante la tentación él no miró al pecado que lo acechaba, sino a Dios a quien no quería desobedecer. Si deseas vencer la tentación no mires horizontal, mira hacia Dios que está arriba y vencerás la prueba. Pero el pródigo miraba lo material, por eso cada vez se hundió más en el pecado. Jesús lo explicó: *«desperdició sus bienes viviendo perdidamente»* (Lucas 15:13).

Poco tiempo después que el hermano menor se separó de su padre y abandonó el hogar, la estrepitosa caída lo condujo al despilfarro de sus finanzas. No percibió que cuando se rompe con las raíces que sustentan el edificio espiritual ocurre una inevitable reacción en cadena hacia la desintegración personal. Sucede una explosión nuclear incontrolable, una fuerza atómica, que lanza a la víctima en una caída que sin Dios es imposible detener. Por ello el hijo descarriado continuó en caída libre y emprendió el camino del despilfarro de los bienes que heredó del padre.

La pérdida de la conciencia espiritual lo lanzó hacia nuevas relaciones sociales; y las nuevas relaciones sociales lo envolvieron en una participación financiera desordenada y sin sentido. La palabra «pródigo» lo dice todo: derrochador, gastador, dispendioso, desordenado, abundante; y mil otras acepciones que conducen a las mismas consecuencias: el desenfreno y la miseria personal. Porque al derroche espiritual le sigue el despilfarro financiero.

Cuando era niño, mi padre me decía: «Los que más tienen no son los que más ganan, sino los que más ahorran»; y otra máxima expresa: «Quienes despilfarran sus bienes pronto rasparán el fondo de una olla vacía».

Cuando las finanzas crecen también aumentan los amigos, sin embargo, esos amigos no prueban que no estás solo; porque quienes vienen por interés no son amigos verdaderos, sino amigotes, gente que viene por interés material. Salomón dijo: *«El amigo ama en todo tiempo, es como un hermano en la angustia»* (Proverbios 17:17).

Quienes llegan por el dinero no son amigos de fiar. La Biblia recuerda: *«Cuando los bienes aumentan, también aumentan los consumidores»* (Eclesiastés 5:11). Salomón experimentó que *«Las riquezas traen muchos amigos; más el pobre es apartado de su amigo»* (Proverbios 19:4). Existe un refrán popular que advierte que «el amor y el interés fueron al campo un día y pudo más el interés que el amor que le tenía».

No fue una casualidad que el hijo dilapidador se encontrara rodeado de amigos, y que estos lo indujeran a consumir sus bienes hasta que cayó en la bancarrota económica. Esta fue una ruina generalizada, porque junto con la dilapidación del dinero también decayeron los valores personales del joven del relato.

Con el despilfarro del dinero también aumentó el derroche del mayor tesoro que un ser humano posee: el tiempo. Con el derroche de esa riqueza irrecuperable que se llama tiempo, también sacrificó la salud física, porque el pecado rompe el equilibrio por el cual la obra de Dios funciona en armonía. Satanás tienta a los seres humanos a dejar a Cristo y separarse de Dios. Pero una vez que aparta a los hijos de Dios de las cosas espirituales, ellos convierten los vicios del mundo en los placeres inseparables que los conducen a la perdición. Por lo que, la tentación siempre será la misma: que te alejes de Dios y le desobedezcas. Todo lo que Dios desaprueba puede llegar a convertirse en un deleite para el que se aleja del hogar celestial. Para bien o para mal, en la vida de un ser humano las malas decisiones pueden tener consecuencias eternas.

¡Cuántas historias como la de Pedro! Un hijo que no escatimó la herencia adquirida y pensó que nunca se le acabaría el dinero y despilfarró los bienes que su madre le dejó. Los resultados nunca esperan, la tragedia personal sigue a quienes abandonan a Dios. La Biblia asegura: «*El mundo pasa, y sus deseos; pero la palabra de Dios permanece para siempre*» (1 Juan 2:17). El texto sugiere una gran verdad: la gente deja a Dios por amor a los deseos y los placeres mundanos, pero los deseos se acaban y el pecado llegará a su fin; sin embargo, Dios y su palabra son eternos, y quienes amen a Dios gozarán la eternidad con él.

Cuando alguien está solo y piensa que ningún conocido lo observa, entonces es que se puede medir quién es él. Pablo aconseja: «*No sirviendo al ojo, como los que quieren agradar a los hombres, sino como siervos de Cristo, de corazón haciendo la voluntad de Dios*» (Efesios 6:6). Portarse bien en público es lo normal, lo que la mayoría hace, pero el carácter de las personas se mide cuando nadie observa. Por eso los desobedientes se alejan de los conocidos para pecar. No perciben que Dios continúa mirándolos.

Hoy se dice que uno de los grandes problemas de las redes sociales y la Internet en general es la sensación de soledad que genera una computadora o una conexión privada a la red. Algunos sienten que nadie los observa y participan casi de cualquier cosa. El sentido de privacidad los induce a participar de delitos y faltas que en público no se atreverían a acceder. Piensan que nadie los ve. El sentido falso de soledad produce reacciones impensables en la vida social tradicional. Por poner un ejemplo: imagina que una persona saluda a otra y escuchas el siguiente diálogo: «Quiero tu amistad». Y luego oyes que la otra persona responde: «No. Lo siento. No quiero tu amistad». En la vida real física, parados uno frente al otro, dicha escena tal vez sonaría al interlocutor como una declaración de guerra. Pero en la red la gente pide la amistad de otras personas y les ignoran o se la niegan y en apariencias no sucede nada. Algunos hasta se convierten en suplicantes eternos sin respuesta.

La soledad induce el sentido de libertad en quienes se apartan de Dios. Ignoran la presencia divina que todo lo observa y juzga. Por eso se retiran a un lugar apartado. Actúan así por que no conocen la teología de la presencia. Dios está presente en todo momento. Eres libre de hacer lo que quieras, pero Dios observa tus actos y los juzgará. Así que Jesús también relató el resultado de la liviandad del pródigo.

Desenfreno personal

En las calles de casi cualquier ciudad del mundo existe gente destruida por el pecado, almas enajenadas, mujeres y hombres borrachos, gente drogada, vidas corrompidas moralmente y toda clase de gente descompuesta por el vicio y la depravación moral. He visto gente tirada por el suelo pernoctando en los parques públicos, que duermen en las aceras de las calles, se olvidan de la familia y se distancian de todo sentido de respeto propio y hasta de sí mismos.

Pero lo peor es que a la mayoría de nosotros eso nos parece normal. Para mucha gente la corrupción y la desgracia humana no es más que «un mal necesario». Cada día que pasa a la humanidad le importa menos el doloroso espectáculo de la decadencia moral y física de la gente. Lo más decepcionante ocurre cuando el desamparado es alguien que fue cristiano, que estuvo en la iglesia, que cantó en el coro o formó parte de la familia de Dios. Fue lo que ocurrió cuando el derrochador llegó a la cuarta y última decisión desafortunada.

En medio de la estrepitosa caída que sufrió, el hijo pródigo al mismo tiempo cayó en el desenfreno personal. La historia del hijo pródigo es la experiencia de un joven que se alejó del camino de la salvación y casi sin darse cuenta descendió hasta que su vida tocó fondo en la podredumbre del bajo mundo. Jesús dijo: *«viviendo perdidamente»* (Lucas 15:13d). La frase puede sintetizarse bajo la palabra «desenfreno». Convirtió el desenfrenó en la obsesión de su existencia.

Desenfreno significa perdido sin remedio. El desenfreno es la pérdida de los conceptos espirituales, principios morales y valores éticos. Desenfreno es la situación que describe a una persona que marcha cuesta abajo y nada la detiene, está al borde del fracaso y no lo percibe. Es como si la víctima estuviera colgada al borde de un precipicio por el que caerá y rodará hacia el abismo de la perdición definitiva, pero ni él ni nadie hacen algo para salvarlo.

Desenfreno es libertinaje, disipación de la conciencia, licencia para pecar, deshonestidad declarada, liviandad indetenible, disolución generalizada, inmoralidad rampante y vicio a toda hora. Es la situación en que poco puede hacerse para que la víctima reflexione y se recupere. Cabe preguntarse: ¿debió este joven llegar a la miserable condición del desenfreno? Qué padre querría ver a un hijo suyo en ese estado de disipación. Sin embargo, pocos razonan que cualquiera que desee separarse de Cristo puede alcanzar una condición semejante.

Cuando apenas era un adolescente, Rubén Duany, uno de los pastores que tuvo la iglesia a la cual yo asistía, predicó un sermón que me impactó mucho, se titulaba: *Nadie cae de golpe*. Este título encierra una gran verdad, la caída espiritual ocurre por un proceso de descomposición personal que carcome al pecador hasta que la víctima llega al proceso final. Jesús afirmó que en la vida cristiana no existen posiciones intermedias: *«El que no es conmigo, contra mí es; y el que conmigo no recoge, desparrama»* (Mateo 12:30).

A veces una madre se acerca al pastor y le dice: «Pastor, Juanito anoche se fue de juerga con unos amigos; necesito que lo aconseje». Pero rara vez el pastor tiene éxito en esa consejería. Cuando una madre percibe que un hijo anda mal, a menudo ya la víctima está en el desenlace de una enfermedad espiritual inevitable. A veces el pecado es tan invasivo como un cáncer, y cuando la víctima nota ciertos síntomas y acude al doctor la enfermedad ya ha hecho el silencioso trabajo. Es mortal. No queda mucho qué hacer por el desdichado.

El apóstol Pedro recuerda la repugnante comparación hecha por Salomón: «*Pero les ha acontecido lo del verdadero proverbio: El perro vuelve a su vómito, y la puerca lavada a revolcarse en el cieno*» (2 Pedro 2:22). Para Pedro, dejar los caminos de Dios y meterse en los antros mundanos del pecado es como que el paciente indigesto coma otra vez el vómito que salió por su boca, o como que un cerdo se revuelque en el fango después que el dueño lo bañó.

El joven de la parábola no vivió un desastre fortuito, sino que sufrió un mal cíclico: a la pérdida de los principios espirituales le siguió el menoscabo de los demás principios que sostienen una vida espiritual digna. La corrupción moral de los antediluvianos acechará a los hijos de Dios hasta que Jesús regrese a la tierra a buscarnos. Jesús dijo que viviríamos en un mundo «*Como en los días de Noé*» (Mateo 24:37-39).

Antes Isaías profetizó que muchos invertirían el precio de los valores de su época y llamarían «*a lo malo, bueno, y a lo bueno, malo*», y advirtió de gentes «*que hacen de la luz, tinieblas, y de las tinieblas, luz; que ponen lo amargo por dulce, y lo dulce por amargo*» (Isaías 5:20). Él anunció que el mundo estaría repleto de gente que invertiría los valores. Asimismo, Pablo aseguró que existirían «*Amadores de los deleites más que de Dios*» (2 Timoteo 3:4).

Esa es la triste realidad hoy en día, muchos piensan que si dejan la mundanalidad perderán algo muy importante. Hasta llegan a creer que si dejan los placeres terrenales derrochan sus vidas.

Cuando pastoreaba cierta congregación un joven se puso en pie, y dijo: —Pastor, si nosotros no podemos ir a fiestas, si no podemos entrar en los centros nocturnos de la ciudad, si no podemos beber licor, si no podemos hacer todo lo que hacen los jóvenes de este pueblo y si no participamos de todas las diversiones que los jóvenes participan; lo menos que puede hacer la iglesia es proveernos diversiones cristianas que sustituyan lo que perdemos como consecuencia de seguir a Cristo.

—Quién ha dicho que no podemos ir a esos lugares o participar de lo que la mayoría participa —dije—. Quien piensa que Cristo les prohíbe esas cosas, no cree en Dios, y debe dejar el camino de Jesús. Quienes seguimos a Cristo, somos personas que no queremos participar del pecado y creemos que Jesús es «*el camino, la verdad y la vida*» (Juan 14:6). Somos personas que en el momento crucial de la prueba escogemos a Jesús por encima de las demás cosas. Quienes seguimos a Jesús no necesitamos nada más que cumplir con la voluntad divina. El siervo de Cristo lo sacrifica todo para ganar la salvación y no cree que haya perdido algo; porque solo perdemos lo que nos estorba para ganar a Cristo. Renunciamos al mundo y seguimos a Cristo porque el pecado es enemistad con Dios. El verdadero cristiano no necesita que en la iglesia haya sustitutos aceptables de la mundanalidad.

Tampoco somos como la mujer de Lot, que caminaba hacia la salvación mientras miraba hacia atrás, porque se moría de sufrimiento por la pérdida de las cosas materiales que se quemaban junto con Sodoma y Gomorra. Pero su materialismo le costó la vida y terminó convertida en una estatua de sal (Génesis 19:26). Dios le había dicho a Lot: «*Escapa por tu vida; no mires tras ti, ni pares en toda esta llanura*» *(Génesis 19:17)*. Pero ella no soportó la pérdida de los bienes y placeres terrenales.

Los hijos de Dios disfrutan de actividades recreativas saludables, pero ninguna sustituirá aquello que detestamos de corazón. Algunos inspiran lástima cuando describen lo que habrían logrado si no hubieran escogido el camino de la salvación. Difunden la idea de que seguir a Cristo significa atraso económico, desilusión emocional, infelicidad generalizada, aislamiento público y convertir la vida en un desperdicio social y económico. Satanás engaña a quienes lo obedecen; primero les dice a los jóvenes: «No sean tontos, disfruten la juventud y cuando sean viejos vuelven a Cristo»; pero cuando los jóvenes se vuelven viejos y desean seguir a Jesús, entonces los engaña otra vez. Les susurra al oído: «Para qué van a ir a la iglesia con todos esos achaques que tienen. La iglesia es para los jóvenes saludables y fuertes que van ahí a divertirse». La verdad es que los esclavos de Satanás siempre serán engañados por él. Porque solo Cristo salva.

Separado de Dios no pueden existir nada ni nadie. Es una utopía creer que alejados de Cristo es posible mantener una vida sin contaminación. Jesús mismo afirmó: «*Porque separados de mí nada podéis hacer*» (Juan 15:5). Por eso surgieron tantas decisiones fatales cuando el hijo pródigo se separó del padre para hacer su propia voluntad. El deterioro material, espiritual y moral lo alcanzaron y destruyeron cada esfera de su juventud. El desprecio, el destierro, el despilfarro y el desenfreno ocuparon la que antes había sido una vida apacible y dedicada a los servicios de su padre. «*Ningún siervo puede servir a dos señores*» (Lucas 16:13).

Resumen

Carente de amor significa que quienes se alejan del amor del Padre celestial no tardarán en despreciar y barrer con todo lo que antes amaban. Huirán de Dios a un destierro voluntario y sin sentido, despilfarrarán lo que Dios les regaló cuando vinieron al mundo. El desenfreno les costará todo lo que tenían, porque derrocharán sus vidas, sus bienes, su tiempo, su salud, su dinero y hasta los conocimientos adquiridos. El consejo es: Entrega a Dios todo lo que tienes, todo lo que sabes, todo lo que puedes y todo lo que tu vida es. Entrégalo todo a quien te salvó.

Cuando el egoísmo y la pasión te amenacen ve a Jesús. Di no, yo tengo a Cristo a mi lado y no lo avergonzaré. Jesús te ayudará a frenar ante el mal. El conocimiento y la fe en Dios son el más poderoso freno contra el pecado. Dios nos motiva para que vivamos para el bien.

Cuando nos sentimos tentados a separarnos del Padre celestial, podemos leer a Pablo, él dejó un consejo certero que nos inmuniza contra el deseo de huir de Dios: «*Y esto, conociendo el tiempo, que es ya hora de levantarnos del sueño; porque ahora está más cerca de nosotros nuestra salvación que cuando creímos. La noche está avanzada, y se acerca el día. Desechemos, pues, las obras de las tinieblas, y vistámonos las armas de luz. Andemos como de día, honestamente; no en glotonerías y borracheras, no en lujurias y lascivias, no en contiendas y envidia, sino vestíos del Señor Jesucristo, y no proveáis para los deseos de la carne*» (Romanos 13:11-14).

Jesús reveló por esta parábola que quienes se desenfrenan en los placeres mundanales desperdician la vida que Dios les regaló y marchan hacia el desastre personal. Demostró que quienes toman decisiones fatales, semejantes a las tomadas por el hijo perdido, viven sus vidas carentes de amor y basados en el amor propio. Son pecadores que desprecian el desinteresado amor de Dios que es amor.

Capítulo 5

COLAPSADOS POR EL DESAMOR

El 11 de septiembre de 2001 ocurrió la estrepitosa caída de las Torres Gemelas de Nueva York. La falla de las estructuras que las sostenían provocó el derrumbe de los enormes edificios que se habían convertido en el símbolo del poder de la tecnología moderna. Contra todos los pronósticos la enorme estructura de acero y otros materiales inventados por el hombre cedió. Se desplomó sobre sí misma ante los ojos estupefactos del mundo, que inerme contempló el pavoroso espectáculo en los medios de comunicación. En unas pocas horas la insignia del poder político y económico del mundo y emblema del orgullo humano pasó a la historia como un recuerdo indeleble de lo que fue. El hecho puede tomarse como una representación del significado de la palabra «colapso».

El hijo pródigo también sufrió varios colapsos. Después de la partida del hogar paterno el joven fue víctima de un colapso masivo, de los cuales el primero fue espiritual. Se separó del padre y partió lejos de casa porque su vida espiritual colapsó. Dejó de confiar en su padre y se enfocó en lo que él sería capaz de hacer por sí mismo.

La ausencia de amor al padre lo condujo a la aplicación de la justicia propia, pero el resultado de vivir sin Dios y sin amor lo sumergió en un colapso masivo. Por lo que mediante este relato Jesús describió a sus oyentes los tipos de colapsos que amenazan la vida de quienes se alejan de Dios.

Colapso espiritual

El primer colapso del pródigo fue espiritual. Desposeído de la influencia divina despreció todo lo que antes amaba y había sido importante para él. Dejó atrás los conceptos aprendidos y practicados desde la infancia y tomó el camino del destierro. No le importaron más las personas que lo amaban. Renunció al hogar paterno y a los valores familiares y desarraigó de sí las costumbres en que había sido educado. Repudiaba ser la persona que había sido hasta el día de la partida. Por eso huyó a un lugar distante.

Lejos de casa, donde nadie podía detener su ímpetu rebelde, continuó con el desgaste de su vida; y como se ha dicho, derrochó los bienes que simbolizaban para él su mayor aspiración. No tomó en cuenta el costo de sus acciones. La pérdida de los valores aprendidos desde la niñez lo ayudó a lanzar por la borda el dinero de la herencia. Cada día que transcurría le quedaba menos riqueza material, social, moral y espiritual.

Pero mientras todo se desplomaba en derredor suyo le parecía que podría arreglarlo. Esta es una solución instintiva que rara vez funciona. No percibía que su desgracia era el resultado inevitable de una existencia colapsada; por lo que, lo esperaba el inexorable desenlace: el colapso de su vida completa.

Lo esperaba un daño del que solo un milagro de Dios podía librarlo. El abandono del padre lo condujo a un callejón sin salida del que humanamente era imposible que escapara. Cuando miro a la gente entrampada en sus propias acciones recuerdo la manga ganadera. Ningún rebaño o animal escapa del destino final de la manga.

Nací y crecí en una zona ganadera de Cuba, en al provincia de Camagüey. Cuando era niño caminaba con mi padre por un potrero de ganado vacuno y me llamó la atención un cercado de alambres de púas que había junto a la cerca principal. Parecía inofensiva, incluso estaba abierta en el extremo donde estábamos parados. Parecía inoperante, aparentaba ser los restos de un corral roto. Al menos, no le encontré sentido. Pero le pregunté a papá.

—Para qué sirve esa cerca.

—Es una manga.

—Qué es una manga.

—La manga es una trampa para obligar a los animales a entrar en el camión que los trasladará a donde quieran llevarlos.

—Pero está abierta ahí. Esa abertura es muy grande. Las vacas se van por ahí.

—No se van. Por ahí entran a la manga. Mira el largo que tiene y como se estrecha a medida que alarga. Por ahí vienen los jinetes azorando al ganado hasta que los animales entren por esa abertura que los obliga a caminar entre la cerca de afuera y la de dentro. Corren y creen que son libres, hasta se apuran en avanzar, pero al final caen en la trampa. Entremos y caminemos por ahí para que veas como trabaja. Entramos por el lado ancho y caminamos por dentro de la manga. Cuanto más avanzábamos más estrecho se hacía el camino. Al final solo cabía un animal a la vez. Continuamos por la parte estrecha y salimos a una rampa de madera que terminaba en una puerta, también de madera.

Nos detuvimos contra la puerta cerrada y papá me explicó: Esa nave es el matadero, pero ya no lo usan.

—Ahí afuera colocan el camión de marcha atrás con la puerta abierta contra esta salida. Entonces abren esta puerta y obligan al animal a entrar en la jaula. No se escapa. Ni siquiera puede retroceder o darse la vuelta. Su única posibilidad es entrar a la jaula del transporte que se lo llevará.

—Para qué los trasladan.
—A veces los venden y los cambian de finca, pero la mayoría de las veces los llevan a otro matadero.
—No se escapan —dije.

Satanás es como aquel jinete que mete el ganado en la manga, conduce al rebelde a la trampa y lo obliga a entrar en su jaula.

Van por el mundo vapuleados de una situación a otra, siempre cayendo cada vez más bajo. El pródigo avanzaba hacia el desenlace. Continuó su camino colapsado. No desistió de su empeño independentista. Estaba hechizado por el incontrolable deseo de gobernarse y de realizar la voluntad propia; así que, impelido por el espíritu de la rebelión entró en el callejón sin salidas de la indigencia.

Perdió el dinero y ni siquiera tenía a su padre para que lo socorriera, ni alguien que lo ayudara. Sin dinero con que paliar las necesidades físicas más elementales, lo abandonaron las amistades fortuitas que consiguió cuando los bienes le sobraban. Por primera vez en su vida se sintió solo.

Nadie observaba ni juzgaba su licenciosa conducta. Podía actuar como le pareciera, había logrado su objetivo: vivir la vida de acuerdo con sus propios impulsos humanos. Su herencia material ya no existía, pero era libre como el viento. Iría a donde quisiera y haría su voluntad sin que nadie se entrometiera en su vida. Así soltó las riendas al desenfreno pasional y este se convirtió en la divisa imprescindible de su aciaga actitud. Estaba listo para el desplome total, pero no se daba cuenta. Recuerda: «El pecado ciega a los culpables». La bancarrota de su existencia estaba ante él y no lo percibía.

Existe diferencia entre «quiebra» y «bancarrota». Se le llama quiebra financiera al estado que se obtiene después de un fracaso económico, cuando se venden todas las posesiones y de lo que se recupera se pagan a los acreedores las deudas contraídas. La bancarrota sucede cuando ni aun vendiendo todo se saldan los compromisos adquiridos. La enciclopedia RAE las define del siguiente modo: **Quiebra:** «Juicio por el que se incapacita el patrimonio a alguien por su situación de insolvencia y se procede a ejecutar sus bienes en favor de la totalidad de sus acreedores». **Bancarrota:** «Quiebra comercial, y más comúnmente la completa o casi total que procede de falta grave, o fraudulenta. Ruina económica. Desastre, hundimiento, descrédito de un sistema o doctrina».

El colapso espiritual condujo al hijo pródigo a una bancarrota irrecuperable, a un desastre personal, a un hundimiento total de su vida y de sus esperanzas de triunfo sin la ayuda paterna. A la bancarrota espiritual le siguió la quiebra de todo lo que era y tenía.

Colapso económico

Cada año cientos y tal vez miles de empresas y firmas se declaran en bancarrota económica en cualquier lugar del mundo. La bancarrota es una plaga de moda. En 2009 mi esposa y yo fuimos víctimas de una de esas temidas bancarrotas. Estábamos de visita en los Estados Unidos de América cuando escuchamos la estremecedora noticia de que Mexicana de Aviación anunciaba la quiebra de su compañía, y que ni siquiera tenían dinero para saldar las cuentas a sus empleados. La noticia no podía ser más desconcertante, la línea aérea en que habíamos viajado y regresaríamos a casa, se declaró en bancarrota. Cuando escuchamos la noticia un escalofrío nos corrió por el cuerpo y nos dejó paralizados. Presentimos que seríamos afectados. Dimos por sentado que perderíamos nuestro dinero. Hace más de una década de aquel suceso y aún no hemos recuperado los 754 dólares que pagamos por nuestro pasaje de retorno a Cuba; tal vez nunca lo recuperemos.

Jesús continuó su relato: «Y cuando todo lo hubo malgastado, vino una gran hambre en aquella provincia, y comenzó a faltarle» (Lucas 15:14). Esta es la primera consecuencia del despilfarro. Un colapso económico produce consecuencias desagradables; porque, a la falta de economía le siguen el hambre, la desnudez, la soledad, el abandono personal, la insalubridad y finalmente, la miseria absoluta. Lo primero que sobreviene al colapso espiritual es un colapso económico; porque con el desequilibrio espiritual se sobrecargan los demás aspectos de la vida. En un parpadeo de ojo la ruina del joven se volvió inminente y solo un milagro podía salvarlo. Nada que él hiciera por sí mismo podía ayudarlo a recuperar la fortuna desperdiciada con sus amigos.

Lo mismo ocurre cuando despilfarramos lo que tenemos, pues una vez que perdemos los bienes esto se vuelven difíciles de recuperar. Se puede perder dinero, derrochar la salud, pervertir la moral, comprometer el prestigio, y es posible desperdiciar casi cualquier bien que tengamos, pero casi siempre el resultado es el mismo: rara vez los perdedores recuperan lo que perdieron. Un viejo adagio afirma: «El prestigio se gana con muchas acciones, pero se pierde con una sola acción». Millones de personas padecen hambre por falta de recursos. Miles mueren a diario a causa del hambre que provoca la ausencia de los medios para combatirla. Nadie desea sentir hambre. Padecer hambre es una desdicha grave, aunque parezca una tragedia normal. Vivimos en un mundo superpoblado y lleno de desigualdades, pero nadie debería padecer hambre.

Pero cuando la apostasía y las malas decisiones conducen al hambre, el hecho es más calamitoso; porque renunciar a las bendiciones de Dios y sustituirlas por elecciones humanas descabelladas es una torpeza sin límites. Produce una ruina injustificada. El hijo aventurero podía haber evitado la patética situación que confrontaba. El salmista cantó: «*Joven fui, y he envejecido, y no he visto justo desamparado, ni su simiente que mendigue pan*» (Salmos 37:25). Otro Salmo, el veintitrés, también asegura que cuando andamos con Dios, «*nada nos faltará*» (Salmos 23:1).

Estas declaraciones bíblicas sostienen la idea de que la ruina del hijo perdido estaba relacionada con la separación y abandono del amor protector del padre. Tras la ausencia de Dios en su vida, y de dinero en sus bolsillos, otros males lo atacaron. El pródigo, sin fe ni esperanza, vio como sus planes tocaron fondo y el hermoso castillo imaginario que había construido se desplomó ante sus ojos atónitos.

Jesús estaba preocupado por la restauración de sus oyentes. Muchos de los cuales habían abandonado los principios divinos que rigen la vida de los siervos de Dios. Aunque, aun así, pretendían vivir su propia vida a cualquier costo posible. Cristo quería salvar a quienes sufrían las consecuencias del descuido y de la justicia propia. Usó al Hijo despilfarrador como una advertencia de lo que puede suceder a quienes actúan como él actuó.

La frase *«Comenzó a faltarle»*, refiere el comienzo de lo que está por venir. Sugiere que, si no reconsideraba su camino y renunciaba a su disipada actuación, otros colapsos más severos vendrían sobre él. Había vivido para la complacencia y la disolución y no se había preocupado por invertir sus recursos para que produjeran ganancias que paliaran los malos tiempos. La liberalidad que el joven practicó no le ganó ni siquiera un amigo verdadero; y como extranjero, no tuvo quien lo ayudara en los malos tiempos.

La palabra más temida de la humanidad está ahí en el relato, «hambre». La gente teme al hambre más que a cualquier otra desgracia humana. En la lucha por la comida mucha gente renuncia, incluso, a los más dignos ideales y se degradan hasta el envilecimiento propio para satisfacer los deseos incontrolados del apetito. Únicamente la influencia de principios muy elevados contribuye a que haya personas que venzan la tentación en semejantes circunstancias. Hasta existe un proverbio popular que dice: «El hambre es mala consejera». El hijo abandonó la casa del padre y corrió tras la prosperidad, la fama mundana, los bienes materiales y el éxito pasajero de la vida. Corría detrás de una vida libre de las restricciones y reglamentos que antes le parecían insoportables; pero le ocurrió lo que dice otro adagio popular: «Fue por lana y salió trasquilado». En vez de ganar más dinero, perdió la herencia que su padre le había dado y padeció miserias que jamás soñó que sufriría. No son pocos los que se alejan de Dios y caen en circunstancias semejantes.

Colapso social

Jesús continuó el relato: *«Y fue y se arrimó a uno de los ciudadanos de aquella tierra, el cual le envió a su hacienda para que apacentase cerdos»* (Lucas 15:15). El joven tenía que tomar una decisión urgente o perecía. Por primera vez en la vida buscó un trabajo en que ganarse el sustento. Quería recuperar el dinero perdido, pero no le sería fácil lograrlo.

Jesús no juzgó la actitud del joven, pero su historia advirtió a los oyentes las consecuencias de la separación de Dios. Cristo no nos condena, *«Porque no envió Dios a su Hijo al mundo para condenar al mundo, sino para que el mundo sea salvo por él»* (Juan 3:17), en otra ocasión agregó: *«Porque no he venido a juzgar al mundo, sino a salvar al mundo»* (Juan 12:47). Aunque, muchas veces el pecador impenitente insiste en huir de Dios. Porque a pesar del amor de Dios por la humanidad, de las promesas hechas al pecador para que se arrepienta del mal camino y regrese a su creador, la rebeldía lo incita a alejarse más y más cada vez. Ignora por completo que el pecado es un mal que nadie elimina por sí solo. Pero la ignorancia convierte a los que huyen de Dios en víctimas de la justicia propia, porque no aceptan que es imposible que el ser humano recupere la salvación perdida sin la intervención celestial. La tentación es remediar por uno mismo lo irremediable.

Adán y Eva fueron los primeros que tomaron una decisión emergente antes de reconocer el tamaño de su falta. El pecado no solo es rebelión, sino que además saca a la luz el más grave de los síntomas de la rebelión: el orgullo. Moisés registró la primera reacción de ellos como un acto sorprendente: *«Entonces fueron abiertos los ojos de ambos, y conocieron que estaban desnudos; entonces cocieron hojas de higuera, y se hicieron delantales»* (Génesis 3:7). Ante la triste realidad de la pérdida de la pureza divina Adán y Eva actuaron de un modo que parece razonable. Tal vez una reacción lógica: si estoy desnudo debo cubrirme y vestirme.

A simple vista la acción de ellos parece un acto sencillo, porque es el modo como reaccionamos cuando vemos nuestra desnudez; pues el pecado nos incapacita para reconocer la necesidad de un Salvador. Así que Adán y Eva no vieron otra salida que cubrir su desnudez con *«hojas de higuera»*. Cuando vieron su desnudez se dieron cuenta de que estaban en problemas serios con su apariencia. Por primera vez sintieron la sensación de que estaban desnudos. Entonces solucionaron la dificultad por sí mismos. La justicia propia es uno de los elementos principales de la rebelión humana contra Dios, porque hace que rechacemos al Salvador e impide que él restituya en nosotros la imagen divina que el pecado destruye.

Satanás fue el primero que se independizó de Dios y luego puso en Adán y Eva el deseo de independencia que lo perdió a él mismo; por lo que el apóstol Pablo describió la manera como el pecado se propagó en la tierra: *«Por tanto, como el pecado entró en el mundo por un hombre, y por el pecado la muerte, así la muerte pasó a todos los hombres, por cuanto todos pecaron»* (Romanos 5:12).

La trasmisión del mal fue un contagio genético. Heredamos la condición pecaminosa que Eva y Adán adquirieron en Edén. Desde entonces, ninguno de sus descendientes logra la perfección sin la intervención divina; pero existen personas que, como la primera pareja pretendió, también intentan salvarse a sí mismos; es por esa razón que luchamos solos para resolver la situación del pecado y la desobediencia.

Cuando pecamos nos sentimos tentados a solucionar nuestras faltas al margen de lo que Dios puede hacer por nosotros. Por eso surgió el ridículo delantal de hojas de higuera, que representa lo poco que el hombre puede hacer por sí mismo. Desde entonces el pecador se empeña en solucionar solo sus problemas de pecado y desobediencia; y el mayor problema no es que lo intente, sino que insista en lo imposible, que insista vez tras vez en la búsqueda de un modo de huir de Dios.

Existen aspectos interesantes acerca del desafortunado intento humano de «coser hojas de higuera» para solucionar la desnudez espiritual. Cualquier persona sabe que un delantal de hojas de higuera no cubre nuestra desnudez. Pero las hojas de higuera representan los argumentos usados para ocultar la desobediencia humana. Son el más antiguo intento de que la justicia propia haga en el pecador la tarea de Dios; tentativa redentora que fracasó desde el mismo instante en que se inventó.

Las hojas de higuera cosidas fueron la primera vestimenta creada por los pecadores después que pecaron. Fue un esfuerzo humano por remediar lo irremediable. La exigua vestimenta que crearon no tuvo en ellos el efecto deseado. El propio relato de Génesis dice que estaban escondidos con el nuevo traje puesto; pero les dio vergüenza que Dios los viera. Ellos mismos no creyeron que habían solucionado el problema de la desnudez. Estaban desnudos y les dio vergüenza que Dios los viera. Génesis relata la reacción que la primera pareja tuvo después que comieron del fruto prohibido: «*Entonces fueron abiertos los ojos de ambos, y conocieron que estaban desnudos; entonces cocieron hojas de higuera, y se hicieron delantales*» (Génesis 3:7). Este fue su primer intento de ocultar que, por alguna razón injustificable, estaban desnudos. Ellos hicieron lo mejor que pudieron y esperaron el resultado.

Si seguimos el orden del relato de Génesis, una vez que ajustaron los delantales de hojas de higuera delante de su cuerpo, escucharon la vos de Dios a pleno día que los llamaba. Lo preocupante es que no se atrevieron a recibir a Dios con el vestido nuevo que acababan de estrenar. Cuando la gente se estrena ropa lo que quiere es exhibirla, pero ellos se escondieron con su traje recién estrenado. El versículo es claro: «*Y oyeron la voz de Jehová Dios que se paseaba en el huerto, al aire del día; y el hombre y su mujer se escondieron de la presencia de Jehová Dios entre los árboles del huerto*» (Génesis 3:8). La actitud de Eva y Adán parece rara, pero no lo es, a pesar de que se habían hecho ropas nuevas, no consideraron que estuvieran vestidos y se escondieron para evitar que Dios los viera. Adán mismo lo confesó a Dios: «*Oí tu vos en el huerto, y tuve miedo, porque estaba desnudo; y me escondí*» (Génesis 3:10). Su actitud indica que a pesar de las hojas la desnudez del pecador no está cubierta. ¿Estaban desnudos o vestidos? Nada resolvieron sin Dios.

Esta es la razón por la que Cristo se manifestó al mundo para quitar la transgresión y el pecado y sustituir las hojas de higuera por su manto de justicia. Sin embargo, todavía existe gente que pretende que su propia justicia solucione su enemistad con Dios. Por eso el joven vagabundeaba solitario por las calles en busca de un empleo que le ayudara a recuperar lo que había perdido. Porque el orgullo propio le impedía ver su triste condición.

Así, debilitado por el hambre, con pasos lentos e indecisos y con apariencia mendicante, tal vez, no inspiró ni siquiera lástima en quienes presenciaron la escena. Él sentía que sucumbía desesperado, pues perecía en un mar de necesidades y nadie lo notaba. Pero todavía no había llegado lo peor de su situación, aún sería víctima de los resultados de un mal cuyas consecuencias se conocen como «efecto dominó», gracias al cual una ficha tumba a la otra hasta que todas caigan sobre la mesa.

A un mal seguiría otro peor, y otro, hasta que la situación concluyera en la muerte definitiva del rebelde joven, o en la reconsideración del rumbo que había tomado. Pero no reaccionó. El joven pródigo se precipitaba al vacío por un abismo cuya caída libre lo conducía a otro derrumbe cada vez más estrepitoso y mortal; y esa a otra, más abajo todavía hasta que tocara fondo. Si no se arrepentía, continuaría descendiendo hasta despeñarse contra el final del precipicio. Para colmo de males, apacentar cerdos fue el único trabajo que le dieron.

Lo más terrible que podía acontecerle a un judío era juntarse con gentiles. Los judíos despreciaban a los gentiles y los llamaban inmundos; y como el joven se fue lejos, es probable que recurrió a un gentil, tal vez hasta pagano. Debió ser duro para él; pero el colmo llegó cuando ese gentil, al que consideraba inmundo, lo envió a apacentar cerdos. Para él fue como juntar la miseria con la necesidad. El patrón que eligió para pedir ayuda tenía muy poco que ofrecerle. Para un judío apacentar cerdos era un trabajo vil, indigno de su categoría, indecente, vergonzoso y todo lo que se le quiera rebajar; era imponer uno de los peores agravios que se le pudiera hacer a un judío (Nichol, 1990). Las consecuencias del abandono del hogar paterno eran evidentes. A veces vemos con tristeza las secuelas que ocasiona la separación espiritual, física, material y emocional de quienes abandonaron a su Padre celestial.

Pasamos por alto que el hijo pródigo había sido rico, heredero de una gran fortuna que equivalía posiblemente a la tercera parte de la propiedad de su familia, y que por la desobediencia había caído de una clase social alta al nivel de un pordiosero. Nunca le había faltado nada, siempre había tenido a su alcance lo que se le había antojado, pero por sus locas decisiones había perdió los recursos que antes había dado por sentado que le pertenecían por derecho propio. Eso es lo mismo que ocurre hoy a las personas que piensan que la humanidad existe por casualidad y que Dios no tiene nada que ver con lo que nos sucede ahora, sea malo o bueno. Creen que si se independizan de Dios no perderán las bendiciones que él regala a quienes habitan este planeta. En su afán de liberación se alejan del padre aún más de lo que habían pensado distanciarse.

La historia del joven que se marchó de casa de su padre y se fue lejos es más que el relato de un hijo malagradecido que despreció los beneficios que el padre le otorgó sin interés alguno; que, además despilfarró la herencia que el padre le regaló, y sobre eso se desenfrenó en un mar de relaciones inapropiadas y actividades excitantes, desvergonzadas y nocivas a su salud física, mental y espiritual. Más que eso, Jesús quiere que comprendamos el resultado de la independencia del carácter humano. Que como Adán y Eva se cubrieron con hojas de higuera, el joven desesperado también buscó, sin éxito, una solución humana a su dramática situación.

Fue entonces que dentro de sus imaginarias posibilidades reconoció su ruina. Se dio cuenta de que ya no era más el hombre de dinero. Reconoció que su estado financiero había cambiado radicalmente y aceptó resignado su nueva condición social. Qué caída. Qué colapso. De empleador pasó a empleado. De señor a siervo. De rico a pobre. De dueño a mendigo. Sufrió un verdadero tránsito de la felicidad a la infelicidad y la destrucción propia. Por lo que, se resignó a probar el intento humano de restauración propia que le ofreció aquel gentil: apacentar cerdos. Aceptó su nueva condición social y tomó el nuevo empleo que le anunciaba que ya no era rico ni gozaba de la dignidad que creía tener.

A veces quienes fracasan caen poco a poco. Se deslizan cuesta abajo por una pendiente que metro a metro los lleva cada vez más bajo y más lejos del hogar paterno. El terreno del pecado es como un pantano. Cuanto más la víctima que cae en él se esfuerza por librarse del espeso fango, más profundo y rápido se hunde. El joven debió luchar ante cada posibilidad de caer, pero sin resultados visibles.

En medio de la desgracia que lo aquejaba, es poco probable que el derrochador y engreído joven se dirigiera enseguida al responsable de los cerdos que terminó apacentando. Es más lógico pensar que por algún tiempo trató de evadir esa ridícula posibilidad. No deseaba apacentar cerdos. Como judío que era, tal vez pensaba que encontraría un trabajo más honorable. Pero no sucedió; sino que cada fracaso en el intento de salir por sí mismo a flote lo condujo un escalón más abajo. Hasta que cayó junto a los cerdos.

La vida sola se encargó de domar su irresistible carácter. Los caballos corren por la vía tirando de pesados carretones cargados de mercancías que jamás desearon arrastrar por las calles. El joven potro se negó a obedecer a su amo el día que lo amarraron por primera vez al pesado carricoche. Pateó a quienes se arrimaron a él, mordió a quienes intentaron tomar la rienda. Atacó todo lo que les quedaba cerca y protestó ante cada intento de doblegarlo. Impuso su fiereza animal a cuantos intentaron someterlo; pero la resistencia sin fruto se convirtió en resignación sin esperanza. Abatido frente al dominio del amo, el potro sirvió sin protestar. Cada día millones de bestias trabajan hasta el agotamiento, y hasta parecen felices cuando pasan delante de nosotros trotando con la pesada carga que arrastran por calles y caminos, a veces, intransitables.

Así mismo, quienes se entregan a la servidumbre del pecado exclaman: «No, no lo haré; por favor, ¡tan lejos no puedo llegar!» Hasta que el pecado les impone el paso y los conduce mansos como ovejas al matadero. Caen inermes al encantado territorio de la indiferencia, donde más temprano que tarde el pecado los esclaviza para siempre, a menos que sean redimidos por Cristo y devueltos al hogar del Padre.

Lo más probable es que el pródigo buscó desesperado una solución a sus acuciantes problemas. Pidió ayuda a sus conocidos e imploró misericordia a quienes creyó que lo ayudarían, pero nada funcionó. Hasta que finalmente, ante el fracaso de gestiones infecundas, conforme cada vez con menos, sucumbió ante lo inaceptable. Cuidar cerdos.

Jesús ilustró a sus oyentes la triste experiencia de quienes caen de la gracia del Padre. Les describió la manera como se alejan del hogar los hijos de Dios que desobedecen su invitación. Quiso que ellos supieran que la vida guarda terribles sorpresas para quienes la enfrentan desprovistos de la ayuda y dirección divinas. Porque nadie cae de golpe.

Así que, sin otra salida a la vista, el joven *«se arrimó a uno de los ciudadanos de aquella tierra»*. Cansado de suplicar misericordia donde no la había, aceptó que en vista de que todo había fallado, la mejor decisión era acceder a la única oportunidad que aparecía en el momento. Esa reflexión se conoce hoy como ética situacional.

La ética situacional es cruel. Crea la impresión falsa de que todo está bien a pesar de ir cada vez más lejos del padre. La gente reflexiona de un modo que parece lógico: sé que Dios está ahí mirándome, pero él está en el cielo y yo en la tierra. No quiero hacer lo malo, pero admito lo que la situación requiere. Dios es amor y me perdonará.

El razonamiento parece natural. Es un modo de pensar que hace creer que la situación es la que manda. La ética situacional se basa en una filosofía equivocada que consiste en aceptar que la situación determina lo que hay que hacer y las decisiones que se han de tomar. No quiero ni debo hacerlo, pero no queda otro remedio. Dios tiene que entender, él sabe que no existe otra salida. Así muchos tratan de hacer cómplice a Dios de sus deslices y de sus malas elecciones. Pero Dios no es lógico. Si fuera así no habría habido mártires. Los fieles hubieran aceptado la situación del momento y salvado sus vidas para dedicarlas a Dios por más tiempo.

Ellos vivieron y murieron por la fe en la esperanza futura del redentor que murió en el Calvario. Fueron mártires porque no había más salida que elegir entre la obediencia y el martirio. Ellos eligieron morir por su Señor. Ser mártir no es una vocación. Es una decisión que se paga con la vida.

Lo más probable es que al principio el descenso de clase social le pareció al joven grosero y hasta inaceptable. Tal vez resultó irresistible a su ego, o sintió como si un dardo se clavara en el corazón de su posición social; porque apacentar cerdos creaba una relación inapropiada para él.

Pero cedió. En la circunstancia en que se encontraba al fin y al cabo le pareció que aquella constituía para él la última oportunidad salvadora. La mejor opción posible. El pródigo razonó acorde con sus necesidades y no de acuerdo con los principios practicados por su padre. Aceptó el empleo.

Para un judío, unirse a un gentil era una decisión inaceptable, y elegir a un gentil como patrón hacía más estrepitosa la caída y el fracaso social; pero, ciego por el egoísmo y el deseo de independencia, no le quedó otra opción viable. Es posible que hizo lo indecible para evitarlo, pero no lo logró. La falta de resultados positivos le indicó que no había otro camino. Así que lo sacrificó todo, hasta la cultura en que había nacido y se había educado. En vez de acaudalado heredero pasó a ser un porquero.

El último acto se aproximaba y constituiría el clímax para una catástrofe masiva. Le esperaba un trabajo impropio dentro de sus conceptos personales: «apacentar cerdos». Tratar con un gentil era desagradable, pero peor cosa era cuidar cerdos. Los judíos eran pastores de ovejas por tradición. No apacentaban cerdos, un animal al cual despreciaban y consideraban sucio y hasta aborrecible, jamás había sido considerado semejante empleo entre los planes del hijo pródigo.

Pero estaba lejos del día en que salió de casa con dinero y lleno de esperanzas. Era la etapa final de un colapso masivo: clase social inferior, relaciones humanas insoportables y un trabajo intolerable en el que, sin esperarlo, compartiría su tiempo en compañía de animales aborrecibles dentro de sus conceptos éticos.

Lo más probable es que el joven rebelde nunca contempló semejantes posibilidades laborales dentro de su ambicioso plan personal; pero no se trataba de una eventualidad que pudiera ocurrir, sino que esa era la realidad de su fracasada vida de alejamiento voluntario. Hoy en día también existen pecadores descarriados que practican los pecados que nunca pensaron cometer.

Nadie cree que va a tocar fondo alguna vez en la vida; pero sin Cristo cualquier calamidad es posible. Si no amamos a Dios de corazón, un día la triste realidad del pródigo de la parábola se repetirá en nuestras vidas. Jesús mismo dijo: «*Porque separados de mí nada podéis hacer*» (Juan 15:5). Por eso el joven despilfarrador fue de un colapso a otro hasta que su moral también colapsó.

Colapso moral

En la cárcel comprendí qué es un colapso moral. A los dieciocho años me reclutaron en mi país para el Servicio Militar Obligatorio (SMO). Cuando supieron que era cristiano y que no trabajaba los sábados, me sancionaron a un año y medio de privación de libertad. La prisión era un lugar horrible, cercado con tres cercas altas de alambres de púas y custodiado por decenas de soldados armados hasta los dientes. Allá dentro carecía hasta de las más mínimas posibilidades de satisfacer las más indispensables necesidades humanas. La comida era incomible y casi inexistente. La alimentación era un acto casi imaginario que los reclusos deseábamos con una avidez incontrolable.

Sabíamos que nadie ingeriría las calorías que el cuerpo requería para tener una salud normal, ni tampoco nos darían las proteínas, ni los minerales, ni las vitaminas que necesitábamos para subsistir, porque los elementos indispensables para lograr una alimentación balanceada apenas se encontraban entre los alimentos que comíamos. Pero anhelábamos aquel momento con ansias porque la vida cotidiana de los reclusos se tambaleaba sobre el precipicio de la inanición.

En el desayuno comíamos dos pequeñísimas galletas de sal; daban un pequeño sorbo de café claro, que los adventistas no ingeríamos, y bebíamos dos o tres sorbos de leche, con tan poca leche que el ardiente brebaje parecía el agua de fregar las vasijas del comedor de los oficiales.

Para el almuerzo servían medio huevo de gallina hervido o una o dos cucharadas de pescado mezclado con las espinas del pez, o una o dos cucharadas de pellejos de puerco, peludos y apestosos, a los que le decían carne; que los adventistas no comíamos.

Tomábamos las cinco o seis cucharadas de potaje de chícharos, aguado y lleno de gusanos y gorgojos, que venían en la bandeja, y las mezclábamos con cinco o seis cucharadas de arroz blanco, también inundado de gorgojos y gusanos. A veces agregaban al menú un pequeño trozo de vianda hervida, de plátano verde o media papa verdosa y agria; que en Cuba llamaban asoleada. Era el rastrojo de la cosecha.

A pesar del estado de inanición que padecíamos nos sometían a ocho o diez horas diarias de marchas militares. Los castigos iniciaban a las siete de la mañana después del desayuno. Formaban las compañías en la explanada, un área que llamaban polígono de infantería. Exigían que la formación fuera perfecta, los bloques eran de cien reclusos vestidos con el uniforme de mezclilla azul de las cárceles cubanas. Enseguida pasaban lista y comenzaba la marcha.

Los oficiales gritaban de frente Marchen, y los pelotones de cien jóvenes avanzaban envueltos en la nube de polvo rojo que levantaban las botas de los reclusos cuando golpeaban contra la tierra rojiza del polígono de infantería. Nunca satisfacíamos a los guardias. Con más fuerza —gritaban—, más duro, que se escuchen esas botas contra el suelo, el que no golpee con fuerza irá para el calabozo. Estará en una celda solitaria mínimo una semana. No paraban de exigir y amenazar. Al poco rato comenzaban los desmayos de los condenados.

El hambre era insoportable y los cuerpos se negaban a resistir las largas jornadas. Decenas y tal vez cientos de hombres se desmayaban ante las exigencias de los ejercicios forzados a que nos sometían en las marchas. Cuando un hombre caía al suelo desmayado el pelotón no se detenía; los más cercanos al desdichado lo arrastraban fuera de la formación y volvían al recorrido antes que los castigaran. Los oficiales examinaban al enfermo y comprobaban que no fingía, entonces lo enviaban al médico, que los atendía en un cuarto jaula que había dentro del penal, al que llamaban enfermería. El médico agarraba un trozo de algodón, lo empapaba en alcohol de 90 grados y lo apretaba contra la nariz del caído. Casi siempre el desmayado abría los ojos y volvía en sí. Entonces sucedía lo peor.

—Arriba muchacho que ya no tienes nada. Estás entero. Levántate.

—Doctor, no puedo, me siento mal.

—Vamos, déjese de blandenguería usted transgredió las leyes revolucionarias, ahora aténgase a las consecuencias —decía el oficial que vigilaba al reo y al doctor, que no se atrevía a conceder ni un ápice de misericordia. Los oficiales lo levantaban de la camilla, lo sujetaban y lo llevaban de vuelta al pelotón para que continuara la marcha.

Éramos unos cuatro mil prisioneros golpeando la tierra mientras avanzábamos por aquellos terrenos arenosos, repletos de piedras de mil tamaños y atestados de baches; y si llovía, desbordados de agua. No había escapatoria posible, levantábamos una polvareda enorme o bañábamos de agua y fango nuestra ropa y a quienes cruzaran cerca de los hoyos del camino.

Durante todo el día repetíamos una y otra vez los mismos ejercicios. A las doce detenían las marchas para que almorzáramos. En realidad, un simulacro de que nos alimentaban. Nos llevaban al comedor e ingeríamos aquellos exiguos alimentos incomibles. Protestar era una falta grave.

Poco después del almuerzo se reanudaba el castigo, que continuaba imperturbable hasta las cinco y media o seis de la tarde. De vez en cuando detenían el recorrido, rompían fila, daban permiso para tomar agua y al regreso pasaban lista para confirmar que todos estábamos ahí. Esconderse o el retraso era una falta muy grave que se pagaba con varios días de aislamiento en el calabozo. Ansiábamos la llegada de la noche.

Pero quienes no satisfacían los requerimientos disciplinarios no regresaban al campamento después de la comida. Volvían a la explanada y repetían las acciones de la jornada hasta las diez de la noche, y a veces más tarde. Los castigos adicionales dependían del ánimo que tuviera el oficial encargado de los ejercicios. Si alguno se quejaba, lo enviaba a las celdas oscuras de castigo en solitario por varios días.

En medio de aquel panorama desolador la moral de muchos reclusos sucumbía transida por el hambre y el agotamiento. La máxima aspiración de la mayoría de los confinados era tirarse en el suelo como un perro cansado o degustar una cucharada de comida. La degradación moral se generalizó a tal punto que los presos se miraban unos a otros como enemigos.

En el penal imperaba la ley del más fuerte. Las broncas eran continuas. Decenas de reclusos peleaban unos con otros por comida o una migaja de pan viejo. Robaban los escasos alimentos que algunos guardaban cuando los familiares los visitaban. Era un ejército de hombres al borde de la locura, que arrastraba con pesar sus enclenques cuerpos por aquella planicie polvorienta. La moral de muchos se derrumbó a pedazos.

Jóvenes que una vez gozaron de prestigio y dignidad recogían desperdicios en los latones de basura del comedor o sacaban las inmundicias que el agua de lavar los platos y ollas arrastraba por el fondo de la zanja de desagüe del comedor. El espectáculo era cruel. Decenas de jóvenes agachados a la orilla de la zanja comían desperdicios de las aguas albañales. Introducían las manos en el agua infectada y extraían con cuidado los pequeños granos de arroz y las minúsculas partículas de alimento, que viajaban en las aguas residuales hacia la laguna de oxidación. Donde se evaporaban las aguas albañales del presidio, que era una concentración infecta de fétidas bacterias; después filtraban el agua sucia entre los dedos y, sin el menor escrúpulo, comían las pequeñas migajas que encontraban. Era un espectáculo dantesco.

A veces había quienes se cortaban las venas, otros se lanzaban a la fuga contra las cercas de alambres con púas. Elegían morir de un balazo o eran desguazados por los perros amaestrados que apoyaban la brutal represión de los guardias comunistas. Otros se infligieron lesiones irreversibles. Se inyectaron petróleo en brazos y piernas con el objetivo de que los trasladaran e ingresaran en hospitales especializados fuera de la prisión.

Era el modo que elegían para evadir la represión militar y conseguir los alimentos con mayor facilidad. Muchos se volvieron o se fingieron locos. Pero, entre las diferentes confesiones religiosas que convivíamos allí nunca vi a un cristiano desanimado o participar de algún modo en esos comportamientos.

Cada día orábamos y hasta ayunábamos de vez en cuando. Implorábamos a Dios fortaleza divina para resistir la prueba. Ser cristiano era un delito grave, de los peores cometidos. Las sanciones más elevadas las teníamos los cristianos. Los fieles éramos sometidos a tormentos peores y más aleccionadores que los que recibían el resto de los reclusos; sin embargo, nunca vi a uno de nosotros desmoralizado. Estoy convencido de que la desmoralización no la produce el hambre, sino la falta de una causa a la cual servir y la ausencia del poder de Dios. Si sientes que estás solo, que Dios no te acompaña, que te olvidó o que no existe; tienes pocas probabilidades de resistir y vencer. El desánimo hará que hagas lo que nunca pensaste hacer.

El hijo perdido se desmoralizó porque había dejado a su padre y perdido el poder espiritual que lo sostenía. Dios otorga fuerza celestial a quienes le obedecen. Algunos creen que Jesús exageró cuando contó a sus oyentes que el pródigo apetecía el alimento de los cerdos. Es un versículo que parece horrible cuando leemos: «*Y deseaba llenar su vientre de las algarrobas que comían los cerdos*» (Lucas 15:16).

El pródigo sintió un deseo irracional que mostró hasta qué punto puede caer el ser humano cuando se separa de Dios. El padecimiento de deseos irracionales, la codicia de desperdicios humanos y el sentimiento de envidia por los alimentos del rebaño porcino, muestran que el vagabundo padecía de un quebranto moral grave. Fue el punto en que el paciente tocó fondo y llegó al clímax de la degradación física y moral.

En cualquier lugar del mundo existen personas enajenadas, gentes marginadas de la sociedad, que se degradan y participan sin escrúpulos de las más ridículas e insospechadas actividades. El hombre sin Dios puede llegar a comportarse como un animal, porque el pecado deshumaniza al hombre creado «*poco menor que los ángeles*» (Salmos 8:5), y lo sitúa cerca de los animales.

Cuando era niño, una de las frases del relato que más me llevó a reflexionar en la historia del pródigo es la que expresa cierto vestigio de honestidad en el enajenado joven: *«pero nadie le daba»* (Lucas 15:16a). Cuando leía esta declaración me preguntaba: ¿por qué debía esperar que alguien le diera, no estaba solo? ¿No administraba él los alimentos a los cerdos? No he encontrado un solo comentario que explique esa frase, pero bien pudiera tomarse como el vestigio de los elementos positivos que aún quedaban en la vida del pródigo; y que todavía existen en las conciencias de quienes antes estuvieron al lado de Cristo. Los que se apartan de Dios conservan elementos de la educación cristiana. Los seres humanos somos hijos de la cultura en que nos educamos. El deterioro es posible, pero la esencia de quién eres vivirá contigo.

Cierto dibujo animado presenta dos escenas sobre la historia del pródigo: en una, cuando el joven se mezcló con los mendigos estos reconocieron al ricacho y lo persiguieron y golpearon hasta dejarlo casi muerto en plena calle; y en otra circunstancia, cuando los cerdos se dieron cuenta de que el muchacho que los alimentaba quería comerles la comida protestaron.

El joven hambriento, con la boca hecha agua, miró una pequeña mazorca de maíz que cayó en la canoa donde comían los cerdos. El muchacho la miró con deseos de tomarla y degustarla a su antojo. Tenía mucha hambre, un hambre incontrolable, pero el cerdo más robusto percibió la intención del desfalleciente empleado, lo miró de reojo, le gruñó furioso y lo amenazó. El muchacho inclinó la cabeza triste y sin esperanza y se alejó de la canoa de los alimentos porcinos.

Quien no pertenece a una esfera social determinada no encaja en ella. La gente lo desprecia. Hasta los cerdos los desprecian. Solo Cristo acepta a todos por igual, sin distinción de raza, credo eclesiástico, color de piel, clase social, género u otra diferencia natural o adquirida. Es imposible caer más bajo, ser humillado por un extranjero era bastante, pero ser despreciado por mendigos y hasta por los cerdos fue un hecho insoportable. Tal vez el autor de aquel dibujo animado exageró, pero esta historia muestra una gran lección: cuando te apartas de Dios hasta los cerdos te pueden despreciar.

Resumen

La lección es clara: en ningún lugar del mundo te aceptarán como en casa de tu Padre. Jamás serás tan feliz como al lado de Jesús. La vida sin Cristo constituye un verdadero fracaso, una auténtica bancarrota. Quien se aleja del hogar paterno desciende a una clase inapropiada e inicia relaciones inadecuadas dentro de su cultura, y aun dentro de su cosmovisión del mundo social en que vive. Y por último, hasta sus propios deseos descontrolados por la vicisitud lo desmoralizan. Los deseos irracionales lo transforman de una persona creada «poco menor que los ángeles», a un ser deshumanizado, que desea comer alimentos de cerdos.

Sin Cristo no valemos nada. Perdemos el respeto de la gente y corremos el riesgo de perder el respeto propio. Hijo, sin el amor del Padre puedes colapsar. Este es el punto preciso en que un pecador tiene dos opciones: morir separado del Padre o regresar y vivir con él. No es necesario tocar el fondo para entregarse a Jesús.

Para iniciar el retorno al hogar del Padre no es necesario tocar fondo como el hijo perdido de la historia. Jesús sugirió que sería mejor evitar una situación extrema. Si abandonaste a tu Padre celestial y a tu familia, si tu vida espiritual colapsó y te abandonaste a tu suerte, todavía existe esperanza. Mira a Jesús.

Si tus bienes colapsaron y lo perdiste todo, o incluso descendiste a una clase social inesperada y tu economía colapsó. O tal vez tu moral se derrumbó y deseos incorrectos se apoderaron de ti, no pierdas la fe. Aún no es el fin, mira tras ti al hogar paterno, donde el amor del Padre aún espera tu regreso. Mira hacia el cielo y contempla que existe un Dios que te ama. No te rindas.

Comprende que sin Cristo no valemos nada y que no solo perdemos el respeto de la gente, sino que también perdemos el respeto hasta de nosotros mismos. No importa cuán cerca o lejos estés de Dios, Jesús te llama hoy. No colapses sin el amor de Dios; regresa a tu hogar, donde tu Padre te espera y abre sus brazos de amor y te abraza contra su pecho, y te dice hijo, vuelve al hogar. Tu Padre te espera.

Capítulo 6

ATRAÍDOS POR EL AMOR

La lista de Schindler, una película biográfica producida por Steven Spielberg tal vez sea una de las cintas más significativas de la historia del cine. La cinta recaudó cientos de millones de dólares y ganó siete premios Oscar, siete premios Bafta y tres Globos de Oro. La película refiere la historia de Oskar Schindler, un empresario alemán que salvó la vida a más de 1200 ciudadanos judío-polacos condenados durante el holocausto nazi. Eran judíos condenados a prisión y exterminio masivo en los campos de concentración nazi, que no tenían otra alternativa que la horrible muerte en las cámaras de gas. Pero él los salvó.

Schindler compraba prisioneros judíos con el pretexto de que trabajaran en su fábrica. Lo hacía con el propósito de salvarlos de la muerte. Ellos estaban felices de tener una oportunidad. Al final de la guerra las finanzas de Oskar quebraron, pero él había salvado a más de un millar de personas. Cuando el Holocausto terminó, Stern, un joyero sobreviviente de los judíos rescatados, quien además llegó a convertirse en un gran amigo de Schindler, le regaló a su salvador un anillo de oro que había hecho para sí mismo, al cual le grabó una frase hebrea del Talmud: «Aquel que salva una vida, salva al mundo entero».

La película menciona el agradecimiento actual de más de 6000 descendientes de aquellos judíos salvados por Schindler, en cuya representación Liam Neeson, uno de los descendientes de los rescatados; y además, el actor que representó a Schindler en la película puso una flor en la tumba del humano que los salvó del exterminio nazi (datos tomados de la Internet).

Atraídos por el amor

Tal vez el instante más significativo de la cinta ocurrió al final de la obra, cuando Schindler se quedó solo con algunos de los sobrevivientes, entre ellos su amigo Stern, y conmovido en lo más íntimo y con lágrimas en los ojos se lamentó por no haber salvado a más personas: «Pude haber vendido este auto de lujo —exclamó sollozando—, me habrían dado diez personas más, y con este alfiler de oro con la esvástica habría comprado otras dos personas que se habrían salvado de la muerte». La acción revela cuán poco valen las cosas en comparación con el valor de una vida.

Oskar Schindler renunció al dinero invertido y liberó a hombres y mujeres cautivos de Hitler. Expuso su prosperidad y libertad para salvarlos. Se arriesgó a ser inculpado y muerto por el nazismo alemán. La película describe el agradecimiento de quienes fueron librados del holocausto nazi.

Pero existe un rescate mayor y más representativo que este; porque incluye a todos los seres humanos que habitamos la tierra. Por eso Jesús contó la historia de un joven judío que estaba a punto de perder la vida por el amor a las cosas. Relató cómo un joven que se encontró en la situación más difícil de su vida, porque tenía las ilusiones perdidas y las aspiraciones fracasadas, se comprometió con quien no debía, trabajó en lo que no le correspondía y deseó comer lo que no convenía. Era un hijo rebelde que se encontraba en el punto en que nada más existen dos caminos: morir lejos de casa o regresar al hogar paterno.

Ese rescate lo hizo Jesús. Para que lo comprendamos narró el regreso del hijo pródigo. Pero para que ese retorno sea posible el pecador debe reaccionar y tomar decisiones apropiadas.

A veces las pruebas influyen en una persona mejor que un maestro, porque producen las mejores reflexiones de quienes las sufren. Cuando Moisés narró los sufrimientos de Job, registró el concepto que el patriarca tenía de las pruebas de la vida: «*Mas él conoce mi camino; me probará, y saldré como oro*» (Job 23:10). Job creía en la purificación espiritual por medio de las experiencias sufridas.

La historia de Job enseña que las pruebas sufridas, la dureza de la vida, los fracasos más espantosos, las desilusiones más amargas, la enfermedad padecida, el abandono de amigos y familiares, la calumnia soportada, el hambre más vergonzosa tolerada, la nostalgia más irrecuperable o el fruto de un descalabro, pueden volvernos mejores hijos de Dios. E incluso, si estos son causados por la voluntad propia de vivir alejados de Dios, aun así, han hecho que innumerables personas reflexionen y reconozcan que los errores cometidos no son el fin de la existencia. Por eso Jesús relató cómo el joven de la historia se arrepintió.

Sin arrepentimiento no existe perdón de Dios, pero es indiscutible que sin atracción tampoco habría arrepentimiento. Mientras el discípulo amado disertaba del amor de Dios, expresó una sencilla realidad del modo más comprensible: «*Nosotros le amamos a él, porque él nos amó primero*» (1 Juan 4:19). Esta es una de las más grandes verdades del evangelio: Dios es atrayente, porque desde el mismo inicio del pecado descendió a la tierra para atraer al pecador de la maldad al amor del Padre.

Aunque el joven pródigo abandonó a su padre, en medio de la prueba comprendió que este aún lo amaba y esperaba ansioso su retorno al hogar. Jesús recordó algunos de los razonamientos lógicos que llevaron al hijo perdido de vuelta al hogar paterno.

Reconoció su locura

Jesús agregó: «*Y volviendo en sí, dijo: ¡Cuántos jornaleros en la casa de mi padre tienen abundancia de pan, y yo aquí perezco de hambre!*» (Lucas 15:17). Con este razonamiento el hijo perdido reconoció que separarse del padre había sido una locura. Una mala idea. Porque el abandono del hogar significa estar loco, ido, chiflado, desequilibrado, perturbado, trastornado, tocado, como lo queramos llamar; no importa cómo lo llamen en cada país o lugar de origen.

Volver en sí es recuperar la función cerebral y razonar con coherencia. Equivale a tomar el control y la responsabilidad de las acciones y pensamientos propios. Es la recuperación del sentido común y el pensamiento lógico. Porque quien está fuera de sí es un perturbado mental, un trastornado emocional, un loco y un alucinado. Quienes viven fuera de sí durante la mayor parte del tiempo imaginan ideas que al final resultan ser meros espejismos, ilusiones inalcanzables e irrealizables, simples fantasías cuyo desenlace es la decepción y el rechazo. A algunos de estos les llaman «alucinaciones». Pero cuando el pecador no razona y se aleja de Dios la Biblia le da otro nombre.

Santiago afirmó: «*El pecado es enemistad con Dios*» (Santiago 4:4). Enemistarse con Dios es una locura, un enloquecimiento que conduce a la autodestrucción. A veces la gente razona que sus descalabros y fracasos son el resultado de que Dios los castiga porque desobedecieron; piensan esto porque no perciben que las consecuencias de la rebelión tarde o temprano conducen a la autodestrucción. Ignoran que Dios aniquilará a los rebeldes para siempre por las malas decisiones que tomaron. Es por esto por lo que quienes se alejan de Dios ponen excusas como condición para retornar al lado de Dios: «retornaré cuando arregle mi vida»; «regresaré cuando solucione los problemas que tengo» y expresiones semejantes que lo más probable es que jamás las cumplirán.

El que es rebelde contra Dios no se da cuenta de que el pecado le impide razonar bien y que casi siempre le obstaculiza el regreso al hogar. Los que sienten que están perdidos piensan: «*Estoy enredado, pero cuando me desenrede regresaré*». Ignoran que solo Cristo los puede desenredar de verdad. Jesús mismo recomendó a los pecadores regresar al Padre como están. Él dijo: «*Venid a mí todos los que estáis trabajados y cargados, y yo os haré descansar*» (Mateo 11:28). Y advirtió a sus discípulos: «*Si alguno quiere venir en pos de mí, niéguese a sí mismo, y tome su cruz, y sígame*» (Mateo 16:24). Negarse a sí mismo es volver en sí, es razonar bien, es moverse en el sentido correcto hacia Dios. Negarse a uno mismo es vencer el orgullo y actuar con humildad.

En medio de su locura el hijo perdido jamás hubiera reconocido los aspectos básicos de la relación con su padre, porque el pecado enceguece a los culpables. Pero volvió en sí y recuperó la coherencia mental perdida a causa de su fantasiosa idea de separarse del padre. Así que cuando recuperó su pensamiento lógico primero reconoció que tenía un hogar. Por eso comenzó su discurso diciendo: «en la casa».

Una casa. ¡Cuánta gente no tiene ahora mismo una casa! Tener una casa es la máxima aspiración de millones de seres humanos en el mundo. Muchos morirán de viejos sin haber tenido jamás una casa propia. Es innegable que el padre de la parábola representa a Dios, y Dios tiene un hogar para cada ser humano que desea retornar al ambiente del cielo. Puede ser que en este mundo nunca lleguemos a tener una casa propia, pero Jesús prometió: «*No se turbe vuestro corazón; creéis en Dios, creed también en mí. En la casa de mi Padre muchas moradas hay; si así no fuera, yo os lo hubiera dicho; voy, pues, a preparar lugar para vosotros. Y si me fuere y os preparare lugar, vendré otra vez, y os tomaré a mí mismo, para que donde yo estoy, vosotros también estéis*» (Juan 14:1-3).

Esta promesa de Jesús ofrece la garantía ilimitada de que vivamos con la seguridad de que tendremos el hogar que él le prometió a cada ser humano que retorne a los amorosos brazos del Padre. Cuando Jesús regrese a la tierra, el agobiante problema de la vivienda y el aspecto del hogar con sus consabidas dificultades dejarán de ser para siempre la preocupación humana más apremiante. Por encima de la vivienda y del calor familiar, el amor divino será el principio que regirá al gobierno de Dios y el trato con cada uno de sus hijos.

También el hijo pródigo recordó que poseía un padre. Se dijo a sí mismo: «En la casa de mi padre». Lo animó otra vez el recuerdo del padre generoso que le entregó antes de tiempo la herencia que le correspondía. Imaginó que ese padre amante todavía estaba allá mismo esperando su regreso. La recuperación de la mente le devolvió el recuerdo de la mirada triste y amante con que el padre lo despidió cuando él partió de casa hacia la aventura que ilusionaba su vida. Reconoció que cuando el dinero se acaba y los amigos fallan, cuando el empleo no es bueno y el alimento no aparece, todavía queda una esperanza: tengo un hogar y un padre que me ama, alguien que no fallará, uno que me espera en casa rebosante de amor y simpatía.

La perspectiva de recuperar «el hogar» y «el padre» es uno de los mayores atractivos que Jesús puso delante de los hijos que no perciben la verdadera magnitud del amor divino. Vivimos en un mundo repleto de ingratitudes, absurdos familiares, disgustos personales, sinsabores cotidianos, traiciones inesperadas, carencias sin resolver y sufrimientos que quiebran hasta las más íntimas fibras de los corazones más curtidos. Existimos en un mundo en el que mucha gente perdió la esperanza de que la amen alguna vez. Pero Jesús les sugiere a estos: tal vez nunca lo hayas disfrutado, pero tú tienes un hogar verdadero y un padre real que te espera con los brazos abiertos.

Ante la posibilidad de recuperar el hogar perdido y con la certeza de que aún tenía un padre que lo amaba, el joven se confrontó a sí mismo con la importante pregunta: ¿Me recibirá el padre de vuelta en casa? Pero recordó cómo en su casa el padre proveía alimento para todos, incluso para los miembros más humildes; y aún, para los jornaleros.

Él mismo había vivido allá y conocía la felicidad y la armonía en que vivían hasta los trabajadores más humildes, incluso los jornaleros más insignificantes de su padre. Cuando se recuperó de la amnesia selectiva que padecía, echó menos del amable ambiente que había abandonado por voluntad propia. (La amnesia selectiva es un mal en que las personas olvidan lo que no desean recordar). Recuperó su memoria y recordó el momento cuando los obreros de su padre recibían el alimento diario que necesitaban para vivir. Entonces reconoció: «allá tengo alimento seguro».

Reorientó los pensamientos hacia su padre y relacionó las ideas más lógicas: mientras simples asalariados comen felizmente el generoso alimento que mi padre les da, yo, el hijo, el príncipe de la familia, el que ahora debía estar allí con autoridad plena, muero de hambre a punto de disputar los alimentos a los cerdos. Sin contenerse un segundo más exclamó: «*Y yo aquí perezco de hambre*». Me muero por voluntad propia.

La perdición humana es un acto suicida. Cuando se conoce el camino a la salvación, no existe justificación para renunciar a ella. Ellos están allá satisfechos y yo estoy aquí casi muerto. Esto es mi culpa, porque me separé de la familia, abandoné el hogar y me fugué de la presencia del único que lo da todo a cambio de nada.

Para librarse del sentimiento de culpa las personas justifican las malas decisiones y acciones de ellos o de sus seres queridos. No reconocen su culpabilidad. No es raro que una madre diga: «Mi hijo se fue de la iglesia en tiempos del pastor tal». No lo dice porque organiza la historia familiar cronológicamente, si así fuera mencionaría días, meses y años. Recordaría fechas. La frase es una insinuación acerca de quién fue el culpable de la apostasía de su hijo. Culpar a otro es el anestésico predilecto de muchos pecadores. La anestesia no cura al enfermo. La medicina es Jesús.

Con la historia del hijo perdido Jesús ilustró el proceso del reconocimiento humano de la culpa propia. El hijo fracasado reconoció: «lo que me sucede es mi culpa». Sin embargo, la gente culpa a Dios por sus calamidades personales. Temen reconocer la culpabilidad propia. Pero Jesús enseñó que para recibir el perdón del Padre es imprescindible el reconocimiento propio de las faltas cometidas. Cada pecador debe reconocer la triste realidad de que somos nosotros quienes abandonamos a Dios y provocamos las vicisitudes y penas que agobian nuestra existencia.

Así que volver al Padre requiere más que reconocer un poco de locura, confesar que uno ha estado desquiciado, necesitamos aceptar que tenemos un hogar donde hay un Padre que nos ama de verdad y posee alimento gratuito y abundante para todos. Ese es solo el comienzo. El reconocimiento de la culpabilidad personal es el primer paso hacia el arrepentimiento genuino.

Reconoció su caída

El joven exclamó: «*Me levantaré e iré a mi padre*» (Lucas 15:18). «Estoy en el suelo». Descubrió que estaba en el suelo. Cuando descubras que estás caído, no permanezcas en el suelo, porque es una actitud necia. La Biblia registra una historia muy triste sobre un hombre llamado Balaam, que era profeta de Dios, pero había caído espiritualmente.

A pesar del conocimiento de Balaam acerca de la voluntad divina, él nunca se levantó; al contrario, se apartó de los caminos de Dios y abandonó el servicio desinteresado al único Dios verdadero. Balaam se describió a sí mismo como: «*El que oyó los dichos de Dios, el que vio la visión del Omnipotente; caído, pero abiertos los ojos*» (Números 24:4). Reconoció que hablaba con Dios y confesó que conocía sus designios, y dijo que había visto al Todopoderoso. Hasta declaró de sí mismo que tenía los ojos abiertos. Balaam se dio cuenta de su condición real, pero continuó caído por voluntad propia; porque amaba las riquezas más que el servicio a Dios.

A pesar del reconocimiento de Balaam, lo que más asombra es que permaneció caído. No le faltaba el conocimiento de las cosas de Dios, pero amaba las riquezas más que al Creador del universo. La avaricia de lo mundano y la codicia de los bienes ajenos lo perdieron. El egoísmo no lo dejó levantarse. Jesús lo dejó claro en la parábola del hijo perdido.

Con el relato del pródigo Jesús enseñó que es necesario reconocer que cuando se está caído hay que levantarse, porque solo remedian la situación de pecado quienes se levantan y vuelven al Padre celestial. Pero, a muchos les pasa como a Balaam, reconocen que están caídos, tienen el conocimiento que viene de Dios y no se levantan. Viven hundidos en el fango del pecado y caídos delante de una mula o delante de los cerdos. El orgullo y la obstinación los vence mientras escuchan la voz del Padre suplicante que les implora al oído: «vuelvan». Vuelve.

El hijo perdido reconoció que su vida había sido una locura y admitió que estaba caído sobre sí mismo. Se miró en el suelo y dijo: «me levantaré».

Reconoció que debía levantarse y dejar atrás el pasado. Regresaría al hogar junto a su padre y disfrutaría otra vez de los bienes y atenciones que jamás le habían faltado antes que abandonara su hogar. Volvería a deleitarse con los alimentos que echaba de menos. Deseaba gozar otra vez del desinteresado amor del afectuoso padre que había menospreciado.

Reconoció su pecado

Pensó: «*Y le diré: Padre, he pecado contra el cielo y contra ti*» (Lucas 15:18). Esta declaración que Jesús colocó en labios del pródigo aborda uno de los aspectos vitales del arrepentimiento humano: la confesión. El pecador necesita reconocer su pecado, porque esa es la única prueba de que el arrepentimiento es sincero. Necesita decir «he pecado». La frase «he pecado» es la expresión central de la confesión.

El único propósito del conciso discurso del hijo fue decirle al padre que reconocía su falta y se apartaría del pecado. Sin reconocimiento propio y sentido de culpabilidad personal el arrepentimiento no existe. Las palabras del pródigo señalan las dos direcciones hacia donde apunta el verdadero arrepentimiento: primero a Dios y después al prójimo. El arrepentimiento involucra saldar una deuda vertical y otra horizontal: «contra el cielo y contra ti». Porque cuando dañamos al prójimo, también afectamos nuestra relación con Dios.

La frase «he pecado» aparece unas pocas veces en la Biblia. Los pecadores la pronunciaron unas quince veces. La Escritura registra que solo ocho hombres dijeron «he pecado» a lo largo de los tiempos bíblicos: Faraón, Balaam, Acán, Saúl, Simei, David, Judas y el hijo pródigo de la parábola de Jesús. Cuando analizamos las circunstancias y el modo como algunos de ellos expresaron la confesión de sus culpas, percibimos la verdadera intención de esas confesiones. Nos damos cuenta de que cuando investigamos cada una de aquellas confesiones, inferimos cuáles de los arrepentimientos descritos en esos pasajes fueron genuinos.

El primer personaje bíblico que dijo *«he pecado»* fue Faraón. Después de los milagros que Dios hizo en Egipto, cuando las siete plagas sumieron al país en la desolación económica, Faraón llamó a Moisés y Aarón y les dijo: *«he pecado esta vez»* (Éxodo 9:27). Según Faraón indicó en la frase antes no había pecado; acompañó la expresión con otras palabras para justificar las acciones que lo habían conducido al endurecimiento de su corazón y a la destrucción del país. Faraón no estaba arrepentido, sino asustado por la muerte de sus compatriotas y el estruendo ensordecedor de los truenos que lanzaba una tormenta cargada de fuertes vientos, granizos enormes y centellas desbastadoras que sobrepasaban los límites naturales conocidos por él.

Cuando la tormenta terminó Faraón endureció su corazón como antes: *«Y viendo Faraón que la lluvia había cesado, y el granizo y los truenos, se obstinó en pecar, y endurecieron su corazón él y sus siervos»* (Éxodo 9:34). Después vino la octava plaga. Las langostas exterminaron el alimento que el viento, el fuego y el granizo habían dejado a los egipcios. Entonces el rey sintió miedo de nuevo y llamó a Moisés y Aarón otra vez y exclamó: *«He pecado... más os ruego... que oréis a Jehová vuestro Dios que quite de mí al menos esta plaga mortal»* (Éxodo 10:16, 17). Otra vez por miedo Faraón aparentaba el arrepentimiento; pero pocos días después su altivez y su orgullo lo condujeron al fondo del mar Rojo junto con su ejército. Allí terminó la historia de un rey rebelde que conoció al Dios verdadero y se perdió. Así también sucede a mucha gente, cuando pasa el susto vuelven atrás.

El segundo personaje que dijo *«he pecado»* fue Balaam. Este profeta se deslumbró con la posibilidad de hacerse rico. Quería oro, plata y joyas. Puso el enriquecimiento antes que la obediencia a Dios. Desobedeció a Dios de forma deliberada, pero cuando vio al ángel de Dios de pie delante de él supo que estaba descubierto y exclamó: «*He pecado, porque no sabía que tú te ponías delante de mí en el camino; más ahora, si te parece mal, yo me volveré*» (Números 22:34). ¡Hasta una asna vio al ángel de Jehová y mantuvo con Balaam una locuaz y extraña conversación!, que a él no le importó; porque no estaba dispuesto a perder las ganancias que el rey Balac le ofrecía. Balaam se obstinó porque deseaba obtener las riquezas y bienes del rey pagano que Dios no aprobaba. Así que insistió en el pecado y hasta golpeó al inocente animal. Pero cuando vio al ángel aparentó contrición. Fingió que estaba arrepentido, y le mintió al ángel: «no sabía que tú te ponías delante de mí en el camino; si te parece mal, yo me volveré». Fue como decir: quiero hacer lo que me da la gana, pero si no estás de acuerdo obedezco.

¡Qué manso y obediente parecía Balaam ante el espectáculo de platicar con una burra y ver a un ángel parado delante de él! Pero al ambicioso profeta no le bastaron las desaprobaciones divinas. Estaba decidido a ejecutar su deseo. Él obtendría lo que quería de cualquier otra manera. Por lo tanto, insinuó que Dios podía reconsiderar su voluntad. Pero él deseaba continuar con su plan a cualquier costo. Quería enriquecerse a costa del pueblo escogido y lo lograría.

Las palabras de Balaam al ángel sugieren: «la culpa es tuya porque no apareciste antes». La frase que parecía la expresión de un arrepentimiento genuino no cumplió la función pretendida porque la mezcló con una excusa, que además involucró al ángel celestial que se le apareció para librarlo del pecado que lo perdería para siempre. Balaam no dejó el pecado, sino que procuró la opinión del mensajero celeste con el fin de implicarlo en su futuro destino: «si te parece mal, yo me volveré».Si su actitud hubiera sido correcta el ángel de Dios no hubiera estado allí, pero él quería forzar las acciones a favor del plan egoísta que tenía.

Por amor a las riquezas insistió en que Dios cambiara la opinión y justificara su avaricioso viaje. Balaam no fue un personaje exclusivo. Sin el toque del Espíritu Santo el pecador procura la justificación de sus actos pecaminosos. El orgullo y la avaricia humana impiden la confesión sincera. Solo la dirección del Espíritu conduce al verdadero arrepentimiento. Más tarde Pedro aseguró que muchos «*Han dejado el camino recto, y se han extraviado siguiendo el camino de Balaam hijo de Beor, el cual amó el premio de la maldad*» (2 Pedro 2:15).

El tercer personaje bíblico que dijo «he pecado» fue Acán. El caso de Acán a simple vista confunde a alguna gente. Acán expresó su arrepentimiento de forma correcta, no justificó nada, dijo: «*Verdaderamente yo he pecado contra Jehová el Dios de Israel, y así y así he hecho*» (Josué 7:20). Reconoció su culpabilidad y confesó que su falta había sido contra Jehová; además, describió los detalles del modo como ejecutó el pecado. En la confesión de Acán aparecen los principales elementos que una confesión verdadera debiera tener: el reconocimiento de la culpabilidad propia, una afirmación de la soberanía divina y la declaración de la responsabilidad individual del pecado.

Acán reconoció su culpa y hasta describió en detalles su pecaminoso proceder. Pero el proceso por el cual Josué logró que Acán confesara y declarara del modo como cometió su pecado, revela que su confesión no surgió de un modo espontáneo, sino que brotó de su boca forzada por el angustioso proceso investigativo que él esperaba evadir. Acán confió en la posibilidad del fracaso de la investigación desarrollada por Josué. No confesó el pecado hasta que quedó descubierto y expuesto ante el pueblo afligido.

Josué reunió al pueblo y anunció que había un pecado en la congregación. Luego describió la minuciosidad del proceso inculpatorio que se avecinaba y dio al posible culpable un día de gracia para que reflexionara sobre su pecado y confesara la culpa: «*Os acercaréis, pues, mañana*». Pero Acán ni siquiera se sintió aludido y esperó el resultado final del paciente procedimiento. Josué no estaba apurado en saber quién era el culpable, y no solo dio un día de margen para la meditación y el escrutinio personal del corazón, sino que explicó cómo se efectuaría la investigación.

El líder de Israel decidió descubrir al culpable por medio de la suerte. Anunció al pueblo un plan por etapas que explicó para que no hubiera confusión sobre el proceso inculpatorio. Dijo: «*Santificaos para mañana. Os acercaréis, por vuestras tribus; y la tribu que Jehová tomare, se acercará por sus familias; y la familia que Jehová tomare, se acercará por sus casas; y la casa que Jehová tomare, se acercará por sus varones; y el que fuere sorprendido en el anatema, será quemado, él y todo lo que tiene, por cuanto ha quebrantado el pacto de Jehová, y ha cometido maldad en Israel*» (Josué 7:13-15). Dios mismo sugirió el método para descubrir al culpable. El mismo Dios que había hecho maravillas ante el pueblo que escuchaba a Josué.

Pero a Acán le pareció que con un plan tan sencillo como, tal vez, lanzar una moneda al aire en cada grupo que surgiera, no lo descubrirían. Además, podría confesar en cualquier momento de la investigación si se veía descubierto. Pero si no lo descubrían se quedaría con el manto babilónico y el lingote de oro que había tomado contra la voluntad divina. Como a Balaam, la avaricia lo gobernaba y se arriesgó hasta el final del proceso investigador que Dios sugirió a Josué.

Josué comunicó los detalles del plan al pueblo y lo despidió hasta el otro día. Tenían una orden: «santificaos»; cada tribu, familia y casa debía examinar a su gente y quien fuera el culpable debía confesar su culpa. Durante la noche Acán y su familia debieron pensar en el asunto, pero no confesaron a Josué el pecado de Acán. Sabían que eran culpables, pero decidieron resistir con la esperanza de pasar inadvertidos. Es normal, el pecador alberga la esperanza de que no lo descubrirán.

Cuando amaneció Josué reunió al pueblo. Debió ser una reunión tensa. Todos sabían el final de los culpables. Serían quemados con sus propiedades. Pero Acán y su familia corrieron el riesgo y esperaron el resultado de la investigación. Ante el pueblo reunido Josué ejecutó el primer filtro, el más grueso, echó suerte y salió la tribu de Judá (Josué 7:16). Era la tribu de Acán. Pero él no confesó la falta, tal vez pensó, que casualidad, pero no me descubrirán. Josué no tuvo apuro, confiaba en Dios que dirigía a su pueblo.

Entonces Josué activó el segundo filtro, apartó a la tribu de Judá y echó suerte y salió la familia de Zera (Josué 7:17a). Era la familia de Acán. Sin embargo, Acán no confesó; tal vez pensó: que casualidad, pero no me descubrirán, no creo que con un método tan simple me encuentren entre tanta gente.

Pero Josué no estaba apurado, porque sabía que Dios lo sabe todo y nunca falla. Solo Acán y su familia creían en que Dios pudiera tener de poderes limitados. Antes de aplicar el tercer filtro Josué descartó a las mujeres, solo apartó a los varones descendientes de Zera y echó suerte. La suerte cayó sobre Zabdi (Josué 7:17b); era el pariente más cercano de Acán, pero tal vez el culpable pensó: ahora sí que me anduvieron cerca, pero las casualidades existen, es mejor esperar la siguiente etapa.

Así que para el cuarto filtro Josué apartó los varones descendientes de Zabdi y echó suerte y salió Acán (Josué 7:18). Estaba descubierto. Acán podía haber hecho una confesión genuina y sincera en cualquiera de las etapas del proceso, pero no lo hizo. Porque Acán albergaba la esperanza de que no lo descubrieran. Su esposa e hijos pudieron decirle: no ocultes más tu pecado, sal de ahí, ve a Josué, confiesa tu pecado y tal vez Dios te perdone: Pero no lo hicieron. Corrieron el riesgo con el transgresor. Albergaban la esperanza de que no los descubrirían.

Lo que más asombra en este caso es la ignorancia del rebelde acerca de la capacidad divina para conocer hasta lo más íntimo que ocurre dentro del corazón humano. Acán vio al pueblo sufriendo por su culpa, contempló impávido la derrota de sus compatriotas en la pequeña ciudad de Hai y fue indiferente ante la muerte de sus propios hermanos; pero hasta el último instante albergó la esperanza de pasar inadvertido ante los ojos de todos y aun de Dios. Quería conservar lo robado a cualquier precio.

Su arrepentimiento no fue de corazón. La confesión de Acán, gramaticalmente fue la correcta, pero no fue sincera, porque Josué la obtuvo cuando lo habían descubierto. Acán esperó y confió hasta el último instante en que Josué no encontraría al culpable. Durante el proceso tuvo la esperanza de que el plan de Josué fallara. Pero cuando lo descubrieron ante el pueblo y Josué lo conminó a confesar la falta, dijo: «Es cierto, yo lo hice, y lo ejecuté así y así» (Josué 7:20, 21). Fue una confesión forzada, nada obligado vale ante Dios.

La actitud de Acán contrasta con el concepto de arrepentimiento bíblico; Salomón había pecado mucho, pero se había arrepentido de corazón cuando escribió: *«El que encubre sus pecados no prosperará; más el que los confiesa y se aparta alcanzará misericordia»* (Proverbios 28:13).

El cuarto personaje bíblico que dijo «he pecado» fue Saúl. Dos veces Saúl aparentó ante el pueblo que estaba arrepentido de sus pecados. Primero confesó a Samuel: *«He pecado»*, y agregó, *«porque temí al pueblo y consentí a la voz de ellos»* (1 Samuel 15:24). Fue otra confesión con excusas.

A simple vista se nota el intento de Saúl de culpar al pueblo por el pecado de él. ¿Quién había pecado, Saúl o el pueblo? Es evidente que no hubo arrepentimiento en Saúl. Pero lo atemorizaba la idea de perder el reino de Israel. Lo que más le importaba era que el pueblo admirara su liderazgo. Pero Dios prefiere la obediencia del pecador y Samuel representaba a Dios. Así que, cuando Samuel retiró el apoyo al rey desobediente, este exclamó de nuevo: «*He pecado*», y agregó, «*pero te ruego que me honres... y vuelvas conmigo*» (1 Samuel 15:30). La confesión de Saúl revela un arrepentimiento condicionado, «he pecado», pero has ahora lo que te pido, no me abandones. El rey había desobedecido la voluntad divina; porque cuando perdonó a Agag, el rey enemigo, puso en peligro el futuro del pueblo de Dios. El rey Saúl acostumbraba a poner los intereses terrenales por encima de los espirituales, pero deseaba continuar al frente del pueblo de Dios.

Saúl tuvo un triste final. En el último capítulo de su rebelde vida pactó hasta con el mismo diablo para que este le revelara el futuro que ansiaba conocer antes del inicio de la que sería su última batalla. Samuel había muerto, y Dios no respondía a Saúl ni en sueños, ni por Urim, ni por profetas. Dios lo había desechado como rey de su pueblo, pero él no aceptó el veredicto divino. Así que, aunque había expulsado de Israel a los adivinos y hechiceros, dijo: «*Buscadme una mujer que tenga espíritu de adivinación, para que yo vaya a ella y por medio de ella pregunte*» (1 Samuel 28:7). Quiso saber el futuro, aunque fuera de la boca del Diablo. El resultado demuestra que la confesión de Saúl no fue aceptable delante de Dios.

El quinto personaje que dijo «*he pecado*» fue Simei. Después que este siervo del rey Saúl ofendió y agredió al rey David, tuvo miedo y dijo al rey: «*Porque yo tu siervo reconozco haber pecado, y he venido hoy el primero de toda la casa de José, para descender a recibir a mi señor el rey*» (2 Samuel 19:20). Si Absalón hubiera matado a David, Simei se habría alegrado, pero como el muerto fue Absalón temió a la reacción del rey y confesó su falta.

No había cambiado él, sino la situación. Fue una confesión situacional. Una estrategia para que no lo condenaran por su falta de respeto al rey. La historia registra que después continuó con su actitud de rebeldía y fue castigado con la muerte por todos los pecados que había cometido (1 Reyes 2:36-46).

El caso de Simei prueba que Dios perdona nuestros pecados, pero al mismo tiempo demuestra que debemos mantener una actitud de arrepentimiento. Dios no acepta la inconstancia. No basta con pedir perdón y pecar en secreto como Simei, que desobedeció la orden del rey a pesar de las advertencias que había aceptado para que no lo condenaran. A la larga Simei recibió el castigo que sus acciones merecían. Como él, por esa misma causa otros seres humanos perderán el reino de los cielos.

El sexto personaje que declaró «*he pecado*» fue Judas Iscariote. Judas entregó a Jesús, pero antes de cometer el terrible pecado luchó con su conciencia hasta el último instante; pero la avaricia y el resentimiento lo dominaron y ejecutó la traición a Cristo. Vendió al Salvador del mundo por treinta piezas de plata. Pero cuando enfrentó las consecuencias de su pecado, exclamó: «*He pecado entregando sangre inocente*» (Mateo 27:4). Su confesión no reflejó el arrepentimiento de sus pecados, sino el pesar de ver a un hombre inocente azotado, vilipendiado y condenado a muerte.

Remordimiento y arrepentimiento son dos aspectos distintos del proceso mental del ser humano. Dios solo acepta el arrepentimiento sincero. Si Judas no hubiera visto a Jesús golpeado y magullado tampoco habría sentido el peso de la culpa. Antes que compadecerse del redentor del mundo, Judas fue aplastado por el peso de su culpa y el remordimiento por las acciones cometidas. De nada sirvió su confesión, que acto seguido lo condujo al suicidio que señaló su dramático final. Fue y se ahorcó (Mateo 27:5).

El séptimo personaje que pronunció *«he pecado»* fue el rey David. La sincera confesión del rey David contrasta con el aparente arrepentimiento de los seis personajes anteriores. Cuando cometió la falta y comprendió la magnitud de su pecado, a David *«le pesó en su corazón»*, y confesó a Dios: *«He pecado»*. El rey valoró con seriedad su irresponsabilidad en la comisión del grave hecho y se tuvo por necio. Como si eso le pareciera poco, fue a la raíz del asunto: *«Te ruego que quites el pecado de tu siervo»* (2 Samuel 24:10).

David no culpó a nadie más; con sencillez absoluta reconoció que él era el único culpable y estuvo dispuesto a pagar el precio sin lamentarse por el costo. El Salmo cincuenta y uno contiene la máxima expresión de un pecador arrepentido. Es un himno de humillación personal, que a juicio de los estudiosos contiene las palabras más convincentes y hermosas acerca del arrepentimiento, la misericordia y el perdón. En este salmo David confesó su falta, y a pesar de su maldad, confesó que confiaba en el amor y la misericordia divina.

Los versos del penitente David destilan verdadero arrepentimiento y confianza en el perdón restaurador de Dios. El Salmo cincuenta y uno es el bálsamo de quienes cometieron faltas y confiaron en el arrepentimiento, la misericordia de Dios y el perdón que rehabilita al pecador. El texto principal exalta el amor y la misericordia divinos, frente al pecado y transgresión humana: *«Ten piedad de mí, oh Dios, conforme a tu misericordia; conforme a la multitud de tus piedades borra mis rebeliones. Lávame más y más de mi maldad, y límpiame de mi pecado. Porque yo reconozco mis rebeliones, y mi pecado está siempre delante de mí. Contra ti, contra ti solo he pecado»* (Salmos 51:1-4).

Si David hubiera justificado su pecado, habría involucrado a Betsabé en la falta; en definitiva, ella nunca debió exhibir su cuerpo desnudo donde alguien pudiera verla. David podría haber dicho: «he pecado, porque Betsabé se exhibió desnuda para que yo la mirara», entonces no leeríamos hoy el hermoso y aleccionador salmo cincuenta y uno, repleto de esperanza para quienes flaquearon y cayeron; pero que también se levantaron gracias al mensaje del rey arrepentido. David se arrepintió de corazón y fue un hombre conforme al corazón de Dios, como había sido predicho por el profeta Samuel cuando dijo a Saúl: *«Mas ahora tu reino no será duradero, Jehová se ha buscado un varón conforme a su corazón»* (1 Samuel 13:14). Ese varón fue el rey David. Un ser humano como cualquier otro, pero de corazón sincero y entregado a Dios. Alguien que puso a Dios por encima del orgullo humano.

Y el último personaje en pronunciar la frase *«he pecado»* fue el hijo pródigo de la parábola de Lucas 15. Fue Jesús quien relató la historia del hijo perdido y pronunció la dramática frase *«he pecado»*. El relato de Jesús continuó: «Y le diré, padre, he pecado». Jesús no justificó la decisión del joven de abandonar el hogar paterno, por eso el hijo continuó: *«contra el cielo y contra ti»* (Lucas 15:18). El verdadero arrepentimiento no está en reconocer que se ha faltado a algo o a alguien, porque entonces el pecado vendría a ser una falta horizontal, y ante todo, el pecado es una falta vertical; porque antes de ofender al prójimo ofendemos a Dios.

Tal vez la alusión más clara al concepto de la verdadera confesión está contenida en la declaración de José cuando resistió a la seductora esposa de Potifar en Egipto. Él le dijo a ella: *«¿Cómo, pues, haría yo este grande mal, y pecaría contra Dios?»* (Génesis 39:9). José no habló a la esposa de Potifar del daño moral que harían a Potifar si él se acostaba con ella ni pensó en la infidelidad conyugal de la mujer de su amo, para él primero estaba la fidelidad a Dios que lo había guiado hasta ese instante. Para José la relación con su Dios fue más importante que el respeto a las normas humanas de convivencia o de urbanidad. Por eso pensó en Dios primero. La tentación satánica es a desobedecer a Dios. Los pecados son las trampas con que Satanás nos induce a desobedecer a Dios. Cuando desobedecemos a Dios somos víctimas de los pecados que acechan en derredor nuestro.

Entre ocho pecadores arrepentidos solo dos personas pronunciaron correctamente la frase *«he pecado»*: El rey David y el hijo pródigo. Pero es importante reconocer que solo uno de ellos fue un personaje real: El rey David. Esto debiera servir de ejemplo a quienes reconocen sus faltas y retornan a los brazos divinos de amor y misericordia. Siempre dispuestos a recibir a quienes se arrepienten de corazón.

En el proceso del arrepentimiento la frase «he pecado» es como el buen oro. Según dicen los conocedores de ese precioso metal, si el número que indica los quilates de una joya está acompañado de otra palabra que no sea la letra «k», dicha joya es falsa, una despreciable baratija.

El arrepentimiento del hijo pródigo encarna el modelo correcto de contrición que Dios aconseja a los pecadores que vuelven a los pies de Jesucristo. El hijo pródigo reconoció que estaba caído, pero además confesó que sabía cuál era la causa de su situación; entendió que las malas decisiones fueron la causa de su ruina física, moral, espiritual y personal. Comprendió que su vínculo con Dios se había roto por su propia culpa y que eso mismo lo condujo a la separación del hogar paterno. No culpó a nadie por el desastre que sufría, sino que reconoció su culpa y confió en el amor y la misericordia del padre.

Así presentó Jesús a sus oyentes el verdadero camino del arrepentimiento. Demostró que el reconocimiento personal de la culpa, la confesión del pecado cometido y la responsabilidad propia en la comisión de este, constituyen la parte esencial de un arrepentimiento genuino. Y dejó claro que después de las convicciones personales del hijo perdido; aunque casi salvado, el muchacho todavía hizo reconocimientos que humillaron más el yo; afirmaciones que lo acreditaron como un pecador arrepentido para presentarse delante del padre. El futuro y próximo retorno del hijo enaltece la obra de Dios en el empeño de rescatar a quienes están perdidos.

Reconoció su indignidad

Después que el hijo confesó la culpa por su pecado, dijo: «*Ya no soy digno de ser llamado tu hijo*» (Lucas 15:19). El peligro de la justificación propia es la mayor amenaza para quienes anhelan salvación. El propio Jesús corrigió esta falla inexcusable cuando relató cómo el hijo perdido reconoció su indignidad. La historia del pródigo sugiere que un pecador puede reconocer muchos errores y aún ser víctima de la justicia propia, porque lo más difícil para un ser humano es reconocer que no merece algo. El principal reconocimiento de todo pecador debe ser reconocer que podemos recibir el perdón, pero que no merecemos nada.

El pródigo ya había reconocido que actuaba «fuera de sí», y había recuperado la razón. Había confesado que «estaba caído», y se había levantado. Y había hecho el reconocimiento genuino de que «había pecado», y había decidido confesar su culpa a Dios y al padre. Pero después de esas confesiones reconoció que era «indigno».

El muchacho demandó a su padre la herencia que según él le pertenecía y perdió esa parte que por derecho propio le habría correspondido cuando su progenitor muriera. Él recibió y derrochó su herencia, pero además reconoció que ya no merecía nada. Su confesión fue una prueba evidente del reconocimiento inexcusable de su desmerecimiento.

Existen personas que derrochan los dones que Dios les dio: dinero, salud, posición o cualquiera de los dones que Dios les confió. Luego vienen a Cristo y le exigen que les devuelva lo que perdieron lejos del hogar paterno. La experiencia del ladrón de la cruz sugiere una significativa enseñanza: el ladrón de la derecha se arrepintió y alcanzó la salvación prometida, pero cuando hizo suya la promesa del perdón y la vuelta a la familia de los hijos de Dios, Jesús no lo exoneró de la dolorosa pena de la cruz (Lucas 23:42, 43). Jesús le aseguró la salvación, pero el ladrón pagó en la cruz las consecuencias terrenales por los pecados cometidos. Aunque haya arrepentimiento y perdón, a veces el pecado obliga al pecador a pagar el precio de las consecuencias de la rebelión.

David (un hermano de la iglesia) había nacido en un hogar cristiano, pero en su juventud perdió la confianza en su Padre celestial y se alejó de Dios. Los vicios y la mundanalidad formaron parte de sus continuos hábitos de vida. Durante largos años «disfrutó» de los pecados que cometía, y hasta se burlaba de quienes vivían la vida cristiana y dependían del poder y del amor de Dios.

Ya viejo, un día David se sintió enfermo y lo llevaron al médico. Entonces supo que estaba enfermo de cáncer y que ya no había nada que la ciencia pudiera hacer para salvarlo de una muerte segura. En medio de su enfermedad sintió de nuevo la voz del Padre celestial que por medio del Santo Espíritu lo llamaba. Solicitó asistencia a su familia cristiana y los hermanos de la iglesia lo visitaron y ayudaron. La nueva experiencia con Cristo fue como un bálsamo para él. La seguridad de la salvación en Jesucristo inundó otra vez su corazón de paz y se sintió salvo de nuevo. Confesó a Dios sus pecados y sintió en su vida la seguridad del perdón.

David padecía de un cáncer de estómago en etapa terminal. Tal vez los vicios y la mala vida contribuyeron a que el padecimiento se apoderara de él. Pero gracias a la misericordia divina la puerta de la oportunidad se abrió de par en par y sintió la seguridad de la salvación en Jesús. David regresó de vuelta al hogar celestial. Sin embargo, una vida que pudo dar mucho más para Dios y para la humanidad yacía tendida y exánime en su lecho de muerte. Él fue un hombre que tomó la mano de Jesús y esperó lo inevitable tomado de la mano del Salvador del mundo. Pocos días después, el pastor dijo ante el féretro: «David fue un hijo pródigo que retornó a casa, y el Padre lo recibirá lleno de amor y simpatía. Estamos seguros de que muy pronto, cuando Jesús vuelva a buscarnos, David escuchará la voz del Padre cuando le diga: hijo, levántate, vuelve a casa».

Adán y Eva fueron los primeros que sufrieron los resultados de la desobediencia, ellos se arrepintieron de su pecado y Dios los perdonó, pero a pesar de su arrepentimiento y de su perdón, ambos sufrieron los efectos del Edén perdido. Existen ciertas similitudes entre el caso de Adán y el del hijo perdido. Adán confeccionó delantales de hojas de higuera que el Padre sustituyó por un vestido que costó derramamiento de sangre; porque sin derramamiento de sangre no hay remisión de pecados. Por eso el Padre descendió al huerto de Edén y clamó: «*Adán... Adán... ¿dónde estás tú?*» (Génesis 3:9). Lo llamó hasta que Adán confesó el pecado cometido. Entonces lo perdonó y lo vistió con pieles de ovejas. Alguien murió para cubrir su falta.

El pródigo también quiso restaurar lo perdido y buscó un empleo que lo sacara de la crisis por sus propios medios, pero su esfuerzo, como una estrella fugaz que se apaga, lo envió al lado de los cerdos, donde terminó disputándole el alimento a los marranos. Para el pródigo, tener un empleo representaba las hojas de higuera cosidas por Adán. En medio de ese intento desafortunado el joven recordó al padre en el hogar de donde había escapado. En su conciencia oyó la voz amorosa del padre que le decía: ¿hijo dónde estás? ¿Qué has hecho? Ven a mí y te perdonaré. Entonces aceptó el llamado paterno, reconoció su error y retornó al hogar perdido.

Ambas escenas, la de Adán y la del hijo pródigo, manifiestan la acción más importante de la redención humana: la presencia de Dios, que es amor y trasciende su inmaculada gloria y eternidad para encontrarse con una criatura mortal que solo él puede rescatar. Ese acto demuestra que por grandes que sean nuestros pecados, por mucho que huyamos de Dios, él vendrá a buscarnos antes que nosotros decidamos regresar a él. Porque lo único que hace falta para que Dios nos rescate del pecado es que escuchemos su voz diciéndonos las palabras de ese himno que a menudo cantamos en la iglesia: «Ven a mí, te quiero recibir».

Existe un curioso contraste entre las aspiraciones de Adán y la efímera realidad de los resultados obtenidos por él después que pecó. Tiene razón aquel profesor que comentó en el aula: «Animado por Satanás, Adán miró arriba y quiso ser como Dios, pero terminó mirando abajo y rebajado al nivel de la flora, con la cual procuró luego cubrir su descabellada falta. Adán no fue como Dios, sino que perdió el divino manto de luz que cubría su desnudez y cubrió su necesidad con hojas de la floresta».

Eso mismo le ocurrió al hijo pródigo, quiso ser libre separado del padre y fue esclavo de la libertad que había soñado. Y es lo que le ocurrirá a quienes se animan con el afán de la independencia humana; de una felicidad basada en la separación de Dios. Terminan enredados en las redes de Satanás, cautivos del vicio y víctimas de la infelicidad que surge del resultado de una vida sin Cristo.

Las hojas de higuera representan la indignidad del hombre, lo poco que él es capaz de hacer por sí mismo. Fue por eso por lo que el hijo perdido renunció a salvarse a sí mismo y de una vez reconoció su triste y precaria condición: *«No soy digno, ni siquiera de ser llamado tu hijo».* Y se humilló hasta el polvo y presentó su humilde petición: *«Hazme como a uno de tus jornaleros»* (Lucas 15:19).

Otro profesor dijo: «La ley de los justos merecimientos es la ley del pecado». Satanás pecó porque creía que merecía el honor que no le correspondía. Hoy en día muchos de los que se rebelan contra Dios creen que merecen algo mejor que ser hijos de Dios. Al reconocer su indignidad, el hijo pródigo reconoció: «no soy nadie ni merezco nada». Reconoció que su única posibilidad se encontraba en la piedad y compasión del padre, que es símbolo imperecedero de la misericordia divina. Ya no deseaba que lo trataran como un heredero, se conformó con que el padre lo aceptara como un simple asalariado y como un insignificante siervo. La fuerza que atrajo al hijo de nuevo al hogar paterno fue el amor del padre.

Resumen

Cuando Jesús relató la historia del hijo pródigo reveló el modelo del arrepentimiento y confesión para quienes Dios atrae con su amor. La «vuelta en sí», es un reconocimiento de que apartarse de Dios es una locura. Por lo que, «levantarse» indica el reconocimiento personal de que se ha caído, y de que permanecer en esa incómoda e inútil postura es un suicidio. *«He pecado»*, expresa la convicción que le permite al pecador mostrarse ante el Padre tal cual es, sin orgullo y con plena confianza en Dios, quien hace que su Espíritu llene a plenitud la vida del pecador arrepentido que regresa a él. El reconocimiento de su «indignidad» refleja la verdadera conversión del arrepentido que exclama: «no soy digno, hazme como a uno de tus jornaleros». Es la humildad del reconocimiento de la culpa lo que acredita su condición para recibir el perdón absoluto y amoroso del amante padre.

El Talmud enseña que «Aquel que salva una vida, salva al mundo entero», pero la Biblia demuestra que *«la muerte de uno trajo la vida de muchos»* (Romanos 5:17-19). Más de un millar de judíos sirvieron como jornaleros y Schindler los rescató en Cracovia de los hornos crematorios del nazismo de Hítler. Pero un Salvador llamado Jesús rescató a millones de pecadores arrepentidos y los convirtió en jornaleros del Padre celestial.

Es mejor ser un jornalero de Dios que un rey con el príncipe del mal. La única fuerza que induce reconocimientos tales en el corazón de un pecador es la fuerza del amor del Padre. Recuerda que tienes un hogar, recuerda que tienes un Padre, recuerda que en el hogar del Padre existe alimento suficiente para todos los que desean volver a él. Reconoce que por su amor puedes recuperar tu forma de pensar; admite que puedes levantarte delante de Jesús; acepta que has pecado, pero que Dios te puede perdonar, y permite que, aunque «no eres digno», Jesús dignifique tu vida como el hijo de Dios que eres. Reconoce que solo Jesús puede atraernos con su amor infinito.

Capítulo 7

JUSTIFICADOS POR EL AMOR

Jacobo tenía más de ochenta años y vivía solo en una pequeña choza de tablas, techo de guano y piso de tierra. Desde hacía años había enviudado y pasaba la mayor parte del tiempo solo y privado hasta de la visita de sus antiguas amistades. El anciano vivía aburrido en medio de las enormes carencias que a duras penas soportaba. Lo único que le quedaba era su fe en Dios y algunos hermanos de la iglesia que lo visitábamos de vez en cuando. Él había sido cristiano por más de cinco décadas de su vida.

Un día fui a visitarlo y lo encontré abrazado a un hombre de poco más de cincuenta años. Las lágrimas le corrían por las mejillas y apretaba con fuerza al extraño contra su pecho, parecía que se negaba a dejarlo ir. Después los dos hombres se despidieron del modo más afectuoso posible. Cuando la triste ceremonia terminó y el forastero se alejó por la calle, él y yo quedamos solos, sentados frente a frente dentro de la pequeña choza. Él secaba las lágrimas de sus mejillas con un pañuelo viejo y amarillento, mientras yo lo contemplaba y buscaba en mi mente palabras que lo consolaran. Aunque tenía la certeza de que no existía ninguna fórmula mágica que pudiera sacarlo de la melancolía en que había quedado sumido. Mi silencio fue el mejor bálsamo que pude ofrecerle.

—Es mi hijo —balbució por fin, mirándome fijo con los ojos todavía humedecidos por las lágrimas—, mi único hijo...

—Lo felicito hermano —susurré—, no sabía que tuviera usted un hijo..., lo felicito.

—Pastor —dijo sollozando—, es una larga historia que no quisiera recordar nunca. Mi hijo es un sinvergüenza, de los peores que he conocido.

Toda mi vida la pasé reuniendo centavo a centavo y peso a peso para tener un pequeño ahorro que me sirviera de sostén en caso de cualquier emergencia futura de la vejez. Llegué a reunir una buena suma de pesos, una cantidad que en este tiempo es bastante dinero. Con ese ahorro pensaba pasar mis últimos años de vida libre de preocupaciones y necesidades. ¿Usted ve ese espejo que cuelga ahí en la pared? —dijo, y cayó entre sollozos para tomar aire y fuerza para hablar.

Mientras señalaba con el dedo al trozo de vidrio rectangular, opaco y repleto de manchas oscuras, cuyo azogue vencido por el tiempo poco reflejaba de su rostro dentro del despintado marco de madera donde lo habían confinado hacía muchos años.

En la parte superior el espejo tenía un pedazo de alambre atado de esquina a esquina, que lo obligaba a pender de un clavo que el viejo había fijado a las viejas tablas despintadas y carcomidas por el comején. La parte inferior del marco del espejo descansaba sobre otros dos clavos fijos a la pared de tabla de palma que lo inclinaban hacia delante dejando un espacio vacío entre la pared y el opaco instrumento de belleza. Controló las emociones y continuó contando su historia.

—Pastor, en ese espejo que usted ve ahí me afeito todas las mañanas y me miro varias veces al día; pero detrás de él, envueltos en papeles y protegidos por un cartucho de nailon, yo guardaba mis ahorros. Era un secreto.

Cuando me levantaba por la mañana me paraba frente al espejo, yo metía las manos detrás de él y palpaba el pequeño bulto que permanecía allí por muchos años. Solo lo sacaba de ahí para guardar más dinero; o cuando cerraba la casa y abría el envoltorio y lo revisaba con cuidado para evitar que algún insecto le hiciera daño. Después lo volvía a colocar ahí entre el espejo y la pared... Pero pastor..., pastor, pastor —exclamó el anciano mientras las lágrimas brotaban de sus opacos ojos y se deslizaban copiosas por sus arrugadas mejillas.

—¿Qué pasó después, hermano? —pregunté, tratando de calmar al entristecido anciano.

—Un día... —dijo sollozando y entre dientes—, él vino, como mismo venía a cada rato a esta casa. Es mi hijo. Lo atendí como siempre, lo mejor que pude, y luego lo despedí. Él nunca se quedaba a dormir aquí. Pero ese día, después que mi hijo se fue, algo me dijo que fuera al espejo y revisara el paquete. Me paré frente al espejo, y, como otras veces lo había hecho, observé con dificultad mi arrugado rostro; y, como mismo lo hacía siempre, extendí mis manos detrás del vidrio y traté de palpar el bulto. Pero pastor, pastor, pastor... —Balbució de nuevo el anciano—, el cuerpo se me acalambró como si hubiera tocado un cable de alto voltaje y caí hacia atrás sobre mi cama. Nunca supe cuántas horas dormí, si acaso fue sueño lo que pasé, o fue un desmayo o alguna otra cosa peor. Desperté al otro día por la tarde. Cuando me levanté, lo único que recordaba era que el dinero no estaba donde yo lo guardaba.

—¡Qué pena, hermano! Confíe en Dios, el Señor no abandona a ninguno de sus hijos fieles.

—Pastor, fue lo último que me podía pasar, mi hijo, mi único hijo, me lo llevó. Él me robó el ahorro de toda una vida de trabajo y esfuerzo. ¡Cuatro mil pesos quitados a mis necesidades! Pastor estuve decepcionado de él por mucho tiempo, y no quería ni verlo; pero le pedí que viniera, porque sé que cualquier día de estos me muero. El no merece nada de mí, pero lo he perdonado, porque él es el único hijo que tengo. Usted acaba de ver el modo como nos despedimos.

Gracias a Dios, a pesar del odio desbordante en cualquier lugar del mundo, todavía se escuchan historias desinteresadas acerca del amor de los padres por sus hijos. Cuando Jesús relató a sus oyentes el dramático suceso del hijo que desperdició los bienes de su padre también habló de un regreso y de un perdón. Con el relato del pródigo que regresó al hogar anunció la posibilidad de que cada ser humano sea perdonado por su Padre celestial, sin que se le tome en cuenta su pasado de rebelión y alejamiento mundano.

En la última parte de la parábola Jesús presentó el amoroso tema del perdón y la justificación divina (Lucas 15:20-24), sin los cuales sería imposible redimir al ser humano caído. También dijo: «*Pues si vosotros, siendo malos, sabéis dar buenas dádivas a vuestros hijos. ¿Cuánto más vuestro Padre que está en los cielos dará buenas cosas a los que le pidan?*» (Mateo 7:11).

Las crisis humanas ayudan a la reflexión personal. El hijo rebelde, junto a los puercos de un extraño, recordó el amor del padre. En aquel lugar inhóspito su cerebro recuperó la coherencia y comparó la vida miserable que llevaba con los disfrutes que gozaba en el hogar paterno. El carácter atrayente del padre todavía influía en el hijo descarriado.

El corazón endurecido del hijo comenzó la transformación que necesitaba. La actitud positiva del pródigo induce a pensar que él mismo tomó la iniciativa del regreso a casa; pero no existe nada que podamos hacer para arrepentirnos. Si Dios no interviene en nosotros por medio de su Espíritu, nos perdemos para siempre. Pablo declaró: «*Porque Dios es el que en vosotros produce así el querer como el hacer, por su buena voluntad*» (Filipenses 2:13). Juan también explicó: «*Porque de tal manera amó Dios al mundo, que ha dado a su hijo unigénito, para que todo aquel que en él cree, no se pierda, más tenga vida eterna*» (Juan 3:16). Fue la influencia del padre la que retomó el control de la mente del hijo, y él se levantó y tomó el camino al hogar de donde había huido. Jesús dijo: «*Y levantándose, vino a su padre*» (Lucas 15:20). El versículo añade al relato una sugerencia interesante, porque el hijo regresó cuando tomó las provisiones necesarias para encontrarse con su padre. Sabía a qué iba, qué esperaba y que diría a su padre; pero no sabía la reacción de su progenitor al verlo llegar. Solo sabía una cosa: mi padre me ama.

Antes del regreso a casa el muchacho reconoció su triste circunstancia, se arrepintió de corazón de los pecados pasados y sintió que necesitaba confesar al padre su culpa. Así que, preparó un breve discurso de confesión de su culpa, arrepentimiento de sus pecados y solicitud de perdón y misericordia. Entonces retornó al hogar que una vez abandonó.

Sin embargo, lo que más sorprendió a quienes Jesús le contó esta historia fue la actitud del padre hacia el hijo que volvió a casa. Los escribas y fariseos hablaban de un Dios vengativo y cruel, pero Jesús describió a un Dios amante dispuesto a perdonar hasta los peores pecados cometidos. Por eso Cristo describió a un padre que rompió con las tradiciones culturales de la época y llegó más lejos de lo que cualquiera de los presentes era capaz de imaginar.

El hijo regresó a casa depauperado por las calamidades sufridas durante su aventura. Estaba andrajoso y sus ropas raídas y sucias. Desfallecía a causa del hambre y la desnutrición. La separación del padre había afectado su cuerpo, su mente y su relación espiritual con Dios y la familia; y, además, había perdido los bienes que el padre le dio. Pero al padre no le importó la condición de su hijo.

Lo que le importó al padre fue el regreso de su hijo a casa. Eso es lo que más importa cuando el pecador se arrepiente y vuelve a Dios. Por eso, este tema, «*Justificados por el amor*» aborda el aspecto del padre que recibió feliz a su hijo amado.

Dios te recibe en su hogar

Jesús continuó: «*Y cuando aún estaba lejos, lo vio su padre, y fue movido a misericordia, y corrió, y se echó sobre su cuello, y le besó*» (Lucas 15:20). Lo primero que salta a la vista es la disposición del padre a recibir al hijo desobediente que volvió al hogar arrepentido y en pésimas condiciones físicas y materiales. Por duro que parezca el reencuentro entre el hijo descarriado y el anhelante padre que esperó su retorno durante años, a través de esta historia del amor del padre por su hijo, Jesús mostró el amor de Dios que anhela con ansias el retorno al hogar de cada uno de sus hijos. Pero, aunque parezca lo contrario, lo más difícil es que el hijo perdido regrese. El padre siempre espera anhelante el regreso del hijo a casa.

Cuando una persona tiene problemas con otra lo más difícil suele ser la reconciliación. El tiempo pasa y las relaciones se enfrían, pero los disgustos y heridas permanecen. Las cicatrices y la amargura sufrida impiden los arreglos posibles. Contra su voluntad muchos continúan su vida solitaria y nunca regresan a casa. La duda y la inseguridad invaden los sentimientos y a veces la angustia mental se vuelve intensa y hacen que el sufriente rechace los deseos de un arreglo. Es el momento de permitirle a Dios que tome el control de la vida.

La Biblia registra el caso del reencuentro de Jacob y Esaú. Había pasado mucho tiempo desde que los dos hermanos se separaron. Ambos habían construido una familia y conseguido muchos bienes. Lo rencores se habían congelado en el tiempo y jamás se habían visto otra vez. Pero Jacob necesitaba romper con el pasado y envió mensajeros a Esaú para que le dijeran que existía y tenía familia y muchos bienes (Génesis 32:3-5). Pero los mensajeros regresaron a Jacob con una noticia alarmante: «*Vinimos a tu hermano Esaú, y él también viene a recibirte, y cuatrocientos hombres con él*» (Génesis 32:6). La mala noticia no fue que Esaú deseara verlo otra vez, sino que cuatrocientos hombres lo acompañaran a saludar a Jacob. Nadie desea tantos testigos para arreglar un problema con otra persona.

La incertidumbre alarmó a Jacob. Deseaba ver a su hermano y arreglarse con él, pero temía la reacción de Esaú después de años de separación. Desconfió de su hermano y se preparó para encontrarse con un presunto enemigo que avanzaba hacia él con un pequeño ejército. Preparó una estrategia en la que, al menos, parte de su familia se salvara en caso de ataque. Pero nada malo sucedió. Para felicidad suya, después de los preparativos, Jacob y Esaú se encontraron y descubrieron que el resentimiento había quedado atrás. Él fue a Esaú y se postró ante él, pero su hermano vino al encuentro y lo abrazó, lo besó y lloraron (Génesis 32 y 33). Se reconciliaron. La reconciliación es posible.

Así mismo, el hijo perdido volvió al encuentro de su padre, al cual abandonó y heredó en vida; y cuyos bienes despilfarró sin el menor remordimiento. Él necesitaba el perdón de su padre y el padre deseaba el regreso del hijo. La reconciliación satisface a ambas partes o no es reconciliación. Por eso cuando el padre lo vio venir a lo lejos del camino corrió al encuentro de su hijo.

El efusivo recibimiento del hijo por el padre, prueba que Dios nos ve desde la distancia, se compadece de nuestras calamidades, corre a nuestro encuentro, apura sus pasos y cubre con su manto de amor las necesidades causadas por la separación. Demuestra que nos ama de verdad. El momento parecía tenso, pero para sorpresa de todos, el padre corrió al encuentro de su hijo y lo abrazó, lo besó y se fundió con él en un abrazo inseparable. Lo abrazó sin escrúpulos por las suciedades o el olor porcino que el hijo traía encima. Porque el Padre celestial nos besa y abrasa sin atender a qué huele nuestra vida.

No estamos acostumbrados a que nos traten con esa clase de amor. Parece imposible que alguien actúe de esa manera, pero Dios es así. El padre siempre había estado dispuesto a recibirlo de vuelta, por eso, *«cuando aún estaba lejos lo vio y corrió a su encuentro»*. Cuando el padre corrió hacia el hijo desafió a la gente; porque en esa época un anciano no corría. No era bien visto que un anciano corriera al encuentro de un hijo, y menos de un muchacho desobediente. Consideraban ese acto como una acción indigna para un hombre de avanzada edad. De acuerdo con la costumbre el padre debía esperar a que su hijo llegara hasta él (Hendriksen, 1994).

Con esta historia Jesús contradijo las enseñanzas de los escribas y fariseos, quienes enseñaban a la gente que Dios está ahí esperando con paciencia que nos cansemos y regresemos a él. Con esa sola palabra: corrió, Jesús desmoronó las interpretaciones equivocadas de los escribas y fariseos, y presentó a sus oyentes un padre conmovido que corre a recibir al hijo rebelde que regresa suplicante. Demostró que si el padre no había ido a buscarlo es porque respetó las decisiones de su hijo. Dios nos ama, pero respeta el derecho que tenemos de elegir. El libre albedrío es una ley creada por Dios que nos hace responsables de nuestro propio destino.

Cuando regresamos a casa de un largo viaje venimos sucios y los poros de la piel transpiran fluidos corporales que a veces no huelen bien. El cuello, descubierto de ropa, recoge toxinas y suciedades y se convierte en una de las partes más delicadas del cuerpo humano. A pesar de eso, el padre corrió hacia el hijo y lo abrazó y besó en el cuello. No tomó en cuenta su olor ni la profesión que había desempeñado. Tampoco le preguntó por qué olía mal ni si se había bañado. No tomó en cuenta a qué olía su hijo, «*se echó sobre su cuello y lo besó*».

Dios es amor. A él no le importa qué hacías antes que regresaras a casa, cuán sucio estás y a qué hueles; ni siquiera espera que llegues, sino que corre a tu encuentro y te recibe gozoso. La palabra «misericordia» lo dice todo. Esta es una palabra que representa muchos significados increíbles: piedad, compasión, clemencia, humanidad, indulgencia, comprensión, devoción y altruismo. Misericordia es la palabra que nos devuelve la posibilidad de retornar al hogar paterno sin impedimentos. La misericordia prueba que Dios nos ama y cuánto está dispuesto a hacer para devolvernos al hogar perdido. El amor y la misericordia hacen que Dios olvide el pasado y reciba de vuelta a los hijos que se descarriaron y vuelven de regreso al hogar. La acción de Jesús mostró que la primera actitud del Padre, a pesar de los errores cometidos, es perdonarnos y recibirnos de vuelta.

Dios te libera del pecado

Jesús agregó otra nota sorprendente al relato: «*Y el hijo le dijo: Padre, he pecado contra el cielo y contra ti, y ya no soy digno de ser llamado tu hijo*». Pero el padre dijo a sus siervos: «*Sacad el mejor vestido, y vestidle; y poned un anillo en su mano, y calzado en sus pies*» (Lucas 15:21, 22). El relato no terminó con el efusivo recibimiento del hijo por el padre en plena calle ni con el perdón y la reconciliación de un hijo que por derecho propio no merecía nada. Porque, por amor y misericordia el padre lo aceptó de nuevo en casa.

El padre abrazó y besó a su hijo y no hizo caso del discurso del muchacho. Estaba feliz por el retorno del hijo perdido. La confesión que el joven pronunció no fue lo más importante para el padre. Ambos hicieron lo correcto. El joven confesó su falta y reconoció su indignidad; pero el padre, mientras el hijo hablaba, llamó al personal de servicio y les ordenó: «*Sacad el mejor vestido, y vestidle; y poned un anillo en su mano, y calzado en sus pies*». Lo que el padre deseaba era honrar a su hijo y convertirlo en un hombre libre (Hendriksen, 1994). No fue al encuentro del hijo para juzgar su pasado, sino para perdonarlo. Así es el amor de Dios para con sus hijos.

Antes de que Jesús refiriera a sus oyentes la historia del hijo perdido que regresó a casa, la Biblia menciona otros dos ejemplos que tienen que ver con el cambio de la ropa vieja por nueva: Dios vistió a Adán y Eva después que pecaron, y Moisés vistió a su hermano Aarón para el sacerdocio en el tabernáculo. Ambos relatos ilustran que en el programa divino el vestuario simboliza «la justicia de Cristo» que cubre nuestros pecados. El pecador no puede cubrir la culpa por sí mismo, es Dios quien cubre nuestros pecados con la gracia redentora ofrecida por Cristo cuando murió en la cruz del Calvario por nuestros pecados.

Cuando Adán y Eva pecaron se vistieron con hojas de higueras en un intento de cubrir su desnudez. Con esa acción demostraron lo que el hombre es capaz de hacer para cubrir sus faltas: «*Entonces fueron abiertos los ojos de ambos, y conocieron que estaban desnudos; entonces cosieron hojas de higuera, y se hicieron delantales*» (Génesis 3:7). «Con prisa se cosieron delantales con hojas de higuera, pero, como es natural, estos burdos delantales no podían esconder la culpa de su rebelión contra Dios». Ni pueden hacerlo los «trapos de inmundicia» de nuestra justicia propia para cubrir nuestros corazones pecaminosos hoy (Isaías 64:6). Según Isaías 61:10 necesitamos «vestiduras de salvación» (Morris, 1998). Las hojas de higuera representan la justicia propia, lo que el hombre sin Cristo es capaz de hacer por sí mismo. Como mismo Adán y Eva no cubrieron su desnudez, nosotros tampoco cubrimos nuestros pecados con nuestras justificaciones. Solo Cristo salva al pecador. Es su sangre derramada la que cubre nuestros pecados y nos limpia de maldades.

Dios demostró que el pecador es incapaz de cubrir sus culpas por sí mismo y les quitó las hojas arrancadas por ellos de la floresta y los cubrió con pieles de animales: «*Y Jehová Dios hizo al hombre y a su mujer túnicas de pieles, y los vistió*» (Génesis 3:21). Las hojas no cubrieron sus faltas y necesitaron que Dios los vistiera. El Padre que los creó les quitó los vestidos de hojas de higuera cosidos por ellos y los vistió con pieles de animales. El vestido de pieles de animales tiene tres significados importantes: «recuerda la pérdida de la inocencia humana antes del pecado, la muerte como la paga del pecado y anuncia al prometido Cordero de Dios, quien por su propia muerte vicaria quitaría los pecados del mundo» (Nichol, 1990).

El otro ejemplo se relaciona con la construcción del tabernáculo en el desierto de Sinaí. Cuando Dios llamó a Moisés y le encomendó la construcción del templo del desierto, le ordenó: «*Y llevarás a Aarón y sus hijos a la puerta del tabernáculo de reunión, y los lavarás con agua. Y tomarás las vestiduras, y vestirás a Aarón la túnica*» (Éxodo 29:4, 5). Moisés cumplió la orden divina: «*Entonces Moisés hizo acercarse a Aarón y a sus hijos, y los lavó con agua. Y puso sobre él la túnica, y le ciñó con el cinto; le vistió después el manto...*» (Levítico 8:6, 7).

Lo último que le puede suceder a una persona adulta es que un extraño le bañe y le vista. Sin embargo, eso fue lo que hizo Moisés con Aarón. Fue un acto simbólico que advirtió que: «No debían lavarse a sí mismos, porque la pureza que Dios exigía de ellos no era algo que ellos mismos pudiesen proporcionar; otra persona debía lavarlos» (Nichol, 1990). El vestido con que Moisés le cubrió cuando lo lavó con el agua de la purificación sacerdotal prefiguró el acto salvífico que se obraría en la cruz del Calvario: «Este también era un acto simbólico; no se le permitió pues vestirse a sí mismo... Aarón debía someterse a las órdenes de Dios. Debía llegar a sentir su propia insuficiencia. Debía aprender que nada de lo que él pudiese hacer sería aceptable ante Dios. Debía aprender la lección de una completa dependencia. Era Dios quien lo estaba adecuando y preparando para el servicio. Era Dios quien lo estaba vistiendo con la justicia divina» (Nichol, 1990).

El relato del hijo perdido que retornó al hogar del padre amante que lo esperó con paciencia ilimitada explica que solo la justicia de Cristo cubre nuestras faltas: «Sacad el mejor vestido; y vestidle». El hijo no se podía vestir a sí mismo; su vida pasada, sucia e indigna, no la cubrirían los harapos con que él regresó al padre. Como el manto que el padre puso sobre el hijo, la justicia de Cristo limpia y cubre la vida pasada de quienes vienen a él.

El manto del padre cubrió la desnudez del hijo arrepentido y justificó sus faltas. No lo recibió como un siervo que vuelve a casa después de algunas travesuras, sino como un hijo legítimo que regresó suplicante por sus errores cometidos. La acción del padre imparte ánimo a los pecadores que desean encontrarse con su amante Salvador. Dios recibe y perdona al pecador arrepentido que vuelve al hogar; y lo viste con la justicia de Cristo, lo recibe como un hijo verdadero y lo acepta con los derechos que esa decisión implica.

El padre dijo también: «poned un anillo en su mano». El anillo no era una simple prenda, un insignificante lujo, un simple aro decorativo, un adorno sin importancia, esa prenda era el sello de la casa. El anillo era el instrumento que lo acreditaba como miembro de la familia y le confería la autoridad de un verdadero y legítimo hijo (Hendriksen, 1994).

Para que la rehabilitación del hijo fuera completa, el padre ordenó que le pusieran «calzado en sus pies». Eran los siervos quienes andaban descalzos. El calzado en los pies del pródigo fue otra señal inequívoca de que el padre recibió al pródigo arrepentido como hijo y no como siervo (APIA, 1998). Un hombre con los pies calzados era símbolo de autoridad, porque el calzado lo presentaba como miembro de la familia. Cuando el padre puso calzado en los pies del hijo que regresó, dijo a los presentes: Mi hijo ya no es un siervo, regresó a casa y tiene autoridad como los demás familiares; por tanto, lo aceptó en casa y le confirió la autoridad de hijo legítimo.

La acción del padre mostró a los oyentes que la libertad en Cristo es la verdadera y única libertad. Cristo definió su mensaje como la verdad que liberta de la esclavitud del pecado: «*Conoceréis la verdad, y la verdad os hará libres*» (Juan 8:32). Y en otra parte agregó: «*Yo soy el camino, y la verdad, y la vida; nadie viene al padre, sino por mí*» (Juan 14:6). Estos versículos señalan a Cristo como el centro del plan de salvación que Dios trazó para la raza humana, por lo que son el corazón del evangelio que predicamos. Jesús es el centro de la redención humana, él es el camino al Padre, la verdad y la vida.

Sin Jesús no existe liberación posible, porque la salvación no es una doctrina, como pensaban los escribas y fariseos. La salvación es una persona, la salvación es Cristo. La verdad no es doctrina o filosofía, la verdad también es una persona, Cristo es la verdad. Jesús también es la vida, porque sin él no existe salvación posible. Hasta los ateos, que reniegan de él, le deben su existencia. La persona de Nuestro Señor Jesucristo es el todo del evangelio, sin él no existe evangelio ni tampoco salvación. Cristo es el único que puede declararnos libres de la esclavitud del pecado.

Por eso Jesús puso el ejemplo del padre que perdonó a su hijo extraviado, y llamó a reflexión a sus oyentes y a cada alma perdida de este mundo. A todos los pecadores Jesús les dice: «*Venid a mí todos los que estáis trabajados y cargados, y yo os haré descansar. Llevad mi yugo sobre vosotros, y aprended de mí, que soy manso y humilde de corazón; y hallaréis descanso para vuestras almas; porque mi yugo es fácil, y ligera mi carga*» (Mateo 11:28-30). Estas palabras de Jesús sugieren la idea de que existen dos tipos de esclavitud, dos clases de yugo con funciones opuestas, objetivos distintos, resultados disímiles, y diferentes destinos y amos.

El yugo de esclavitud era un instrumento de control y sometimiento. Consistía en una argolla de hierro que el amo colocaba y cerraba con llave alrededor del cuello del sometido. De esa argolla colgaba una pesada cadena que se extendía hasta el aro que rodeaba el cuello del siguiente encadenado. La fila de prisioneros podía llegar a ser muy larga. Gracias a ese yugo los capataces conducían y dominaban a los prisioneros o a los esclavos.

En aquella época este era un espectáculo común que la gente observaba cuando las caravanas de esclavos cruzaban por sus ciudades y pueblos. La multitud contemplaba impávida el aterrador espectáculo, mientras los amos o los guardias azotaban y maltrataban a estas personas indefensas. A veces los azotaban y maltrataban hasta la muerte. Conducían a los presos o esclavos sin que estos pudieran defenderse. Nadie podía ayudarlos. Era una vida humillante o una muerte cruel.

El esclavo se sometía al amo para sobrevivir. Porque en la peor de las circunstancias existe esperanza, aunque sea remota. No había opciones para él, porque un esclavo no se gobierna. Su amo pensaba por él, decidía por él, actuaba por él y se beneficiaba de él. Un esclavo no se pertenecía a sí mismo, porque era propiedad de la persona que lo había comprado para obtener ganancias personales por el trabajo de él.

El yugo de esclavitud representa al pecado, que encadena al ser humano sin Cristo y lo somete hasta la misma muerte. Como aquel yugo ataba y destruía a hombres libres, el pecado encadena al pecador y lo priva de la libertad hasta que lo destruye. Como aquellos hombres morían exhaustos, Satanás esquilma hasta matarlos a quienes caen en su trampa. Primero los engaña, y luego los somete e induce a obedecer sus macabros designios.

En la primera epístola a Timoteo, Pablo trató de atenuar las asperezas y rencores que provocaba el yugo de esclavitud. Hizo un llamado a los creyentes que aún permanecían «*bajo el yugo de esclavitud*» (1 Timoteo 6:1, 2), y los invitó a soportar y ser condescendientes con los amos. Sin embargo, lo más irónico de la esclavitud es que Pablo los llamó a soportar un yugo, por causa de otro yugo: el yugo de Cristo. Porque el yugo de Jesús es un yugo diferente. No es un instrumento de esclavitud, sino una herramienta de servicio: «*Llevad mi yugo sobre vosotros, y aprended de mí, que soy manso y humilde de corazón; y hallaréis descanso para vuestras almas; porque mi yugo es fácil, y ligera mi carga»* (Mateo 11:29, 30).

El yugo de Jesús es una herramienta que el pecador lleva sobre su cuello como los bueyes llevan el suyo cuando cumplen el trabajo que les imponen sus dueños. El yugo de Cristo no esclaviza a quienes lo llevan, sino que les facilita el trabajo para que produzcan más. Es un yugo para servir a Dios. «Al referirse a su yugo, Cristo hablaba de su manera de vivir. La figura que Cristo empleó aquí no era desconocida para sus oyentes, pues los rabinos también se referían a la Torah como a un "yugo", no porque fuera una carga, sino más bien una disciplina, una manera de vivir a la cual debían someterse los hombres» (APIA, 1998).

Ambos tipos de yugo contrastaban uno con el otro: el yugo de esclavitud esclavizaba y el yugo de trabajo facilitaba la producción. El primero lo ponían a la fuerza sobre los cuellos de los cautivos, el segundo aún se usa como herramienta de servicio. Para llevar el primero el reo necesitaba resignación, para usar el segundo el siervo necesita entrenamiento. Ambos instrumentos establecen una gran verdad: podemos ser enyugados a uno u otro yugo, porque no existe una tercera opción. Jesús dijo: «*El que no es conmigo, contra mí es; y el que conmigo no recoge, desparrama*» (Mateo 12:30). La vida mundana esclaviza y la vida cristiana es servicio. El hijo perdido regresó de la esclavitud de la vida mundana al servicio de la casa del padre. Por esa razón el padre no lo trató como un esclavo, sino como un hombre libre; porque el yugo de Cristo no es un yugo de esclavitud, sino un instrumento de servicio y libertad plena.

Existen personas que no aceptan a Cristo porque dicen que la iglesia les prohíbe muchas cosas. Creen que se convertirían en esclavos de una religión. Se expresan así porque no comprenden que Jesús no prohíbe nada; porque aceptamos a Cristo cuando deseamos ser como él era, queremos vivir como él vivía, comer como él comía, adorar como él adoraba y gozarnos con todo lo que viene de él. Cuando la gente se preocupa en la iglesia porque los que vienen de afuera no comprenden el evangelio, digo: no se apuren, esa obra no es de ustedes, ni mía ni de él. El que comenzó la obra en él la terminará. Pablo estaba convencido de que «*el que comenzó en vosotros la buena obra, la perfeccionará hasta el día de Jesucristo*» (Filipenses 1:6). A veces pienso, soy la única persona que puede impedir que Dios haga conmigo lo que él desea hacer en mi vida.

Satanás encadena a sus seguidores con el yugo de esclavitud y los convierte en sus siervos para matarlos. Con el yugo de servicio Jesús libera y les regala la vida eterna a quienes lo aman de verdad. Ambos yugos presentan diferencias sustanciales: el yugo que llevaban los esclavos era de hierro y los imposibilitaba de hacer la voluntad propia; el yugo de Cristo es semejante a la herramienta de madera que llevan los bueyes para ejecutar el trabajo que realizan. Hasta el dueño coloca una almohada entre el yugo y la frente del animal, la llaman frontil, que hace que el animal no sufra lesiones en la frente. Además, es un instrumento de servicio con dos plazas, en una va el siervo de Cristo y en la otra va Jesús mismo que lo ayuda a llevar las cargas de la vida.

La libertad que Cristo ofrece es la verdadera, porque él te invita a servirle y después te ayuda en el servicio mientras vivas. Cuando el padre ordenó a los siervos: «*Sacad el mejor vestido, y vestidle; y poned un anillo en su mano, y calzado en sus pies*», honró al hijo y lo liberó de la condición en que había caído. No sería más un esclavo, desde ese instante el servicio al padre no sería una carga para el hijo; porque se gozaría sirviendo al que lo liberó de la esclavitud del pecado. Quienes se convierten a Cristo no se molestan con lo que él les pide que hagan, porque aceptan el llamado de Dios con el gozo del cumplimiento del deber. *Son felices porque Cristo los liberó de la esclavitud del pecado.*

Dios se sacrificó por ti

Jesús continuó: «*Traed el becerro gordo y matadlo*» (Lucas 15:23a). El padre sorprendió a los presentes cuando ordenó a los siervos sacrificar el mejor becerro por un hijo desobediente que a los ojos de todos no merecía nada. Ante los ojos de sus oyentes fue como premiar la rebelión del hijo. No parece justo que haya un sacrificio por uno que hizo su voluntad, que se alejó porque quiso, que deshonró el hogar de su propio padre, que malgastó su herencia y que luego volvió a casa desbancado de la herencia, humillado hasta el ridículo, magullado en cada parte de su cuerpo, apestado por la falta de higiene y desposeído de los bienes heredados. Ese hijo desobediente, a pesar de lo malo que había hecho y de las pérdidas ocasionadas al padre y a su propia familia, escuchó asombrado: «Preparen un banquete y celebremos el regreso de mi hijo».

El becerro muerto parece un elemento festivo y parte de la fiesta de celebración por el hijo que regresó. Lo más probable es que así fuera. Pero ese becerro que murió por causa de un hijo desobediente que regresó y fue perdonado, recordó el sacrificio que Jesús haría por el perdón inmerecido de nuestros pecados. El detalle del becerro gordo añade un complemento que mucha gente no percibe. La tensión emocional que produce el encuentro del padre con el hijo que retorna al hogar impacta de tal modo a los oyentes con el indiscutible e inmenso amor del padre perdonador, que piensan: bueno, ya el hijo apareció, eso es suficiente, déjalos ahora que se alegren y se diviertan en familia.

Muchas personas no se dan cuenta de que hubo una muerte por causa de los errores cometidos por el hijo desobediente. No perciben que mientras todos se gozaban por el retorno y la restitución de quien no lo merecía, hubo uno que en vez de gozarse murió. El becerro muerto recuerda que Cristo derramó su sangre para que nosotros retornemos al hogar y recibamos el perdón divino.

En una aplicación extendida, la frase: «traed el becerro gordo y matadlo», enseña la más grande de las verdades de esta parábola: «*Dios es amor*» (1 Juan 4:8), y nos ama hasta la muerte. No lo olvides. Recuerda que alguien tuvo que morir para que el padre perdonara al hijo y lo recibiera. La Biblia asegura que *«sin derramamiento de sangre no se hace remisión de pecados»* (Hebreos 9:22). La Biblia demuestra que sin el sacrificio vicario de Cristo el padre no habría perdonado al hijo rebelde. El pródigo recibió el perdón porque el Cordero estaba allí para derramar su sangre por él. El día en que la gente quiso averiguar quién era el Mesías, Juan lo anunció como *«el Cordero de Dios que quita el pecado del mundo»* (Juan 1:29). Lo más importante de la predicación de Juan el Bautista era que la gente comprendiera que Jesús moriría por ellos y quitaría sus pecados.

Esa es la razón por la que el mejor becerro murió para celebrar que apareció uno que estaba muerto en el pecado y revivió gracias al amor del padre. Un hijo perdido que regresó a casa causó la mayor de todas las muertes producidas por el pecado. Jesús murió. En la historia del pródigo murió el mejor becerro, pero en la realidad, por ti y por mí murió el más grande de todos los seres del universo: Jesús, nuestro creador y sustentador. En la cruz del Calvario él se convirtió en el redentor y salvador de la humanidad, y de los hijos pródigos que a través de la historia humana regresan al Padre celestial.

Dios se goza contigo

Jesús llevó el relato a un clímax inesperado para sus oyentes: *«Comamos y hagamos fiesta; porque este mi hijo muerto era, y ha revivido; se había perdido, y es hallado. Y comenzaron a regocijarse»* (Lucas 15:23, 24). Esta última actitud sorprendente del padre mostró su disposición a gozarse con uno que lo había vituperado, deshonrado y desobedecido; pero que retornó a casa después del fracaso de la separación. La historia del pródigo finalizó del mismo modo alegre como terminaron los dos relatos bíblicos anteriores, los de la oveja perdida y de la moneda extraviada.

La aparición del hijo perdido produjo un gozo indescriptible en la casa del padre. Todos se alegraron del regreso de quien se había ido por cuenta propia y volvió. El padre había esperado con ansias inenarrables el regreso de su hijo y la espera concluyó y el hijo regresó a casa. Jesús mostró que el hijo redimido recibió el beneficio generoso del amor perdonador de un padre *«que es paciente para con nosotros, no queriendo que ninguno perezca, sino que todos procedan al arrepentimiento»* (2 Pedro 3:9).

Después de la reconciliación de la familia no quedó otra alternativa que el regocijo. La actitud que correspondía a un padre y a una familia que habían recuperado a su hijo perdido era la de regocijarse por el retorno de este. El festejo de la recuperación del hijo celebró que la familia volvía a estar completa. Esto es lo mismo que ocurre en el hogar del Padre celestial cuando un pecador se arrepiente y regresa a casa. El pecador vuelve arrepentido al Padre que lo espera y la familia celestial prorrumpe en un derroche inenarrable de gozo y satisfacción. Jesús llevó la mente de los oyentes, de la tensión de un hijo extraviado al gozo indescriptible que produce la restauración de un hijo perdido. Él recalcó los dos aspectos que justifican el gozo y el regocijo de la celebración del padre: «porque este mi hijo muerto era»; y «se había perdido, y es hallado».

Es cierto, los que se alejan del Padre y del hogar celestial están muertos en vida. Pablo lo advirtió a los romanos del modo más esperanzador posible: *«la paga del pecado es muerte»* (Romanos 6:23a). Les indicó que el pecado es muerte, pero a la vez les garantizó que en Jesús existe esperanza y en él existe plena posibilidad de salvación: *«más la dádiva de Dios es vida eterna en Cristo»* (Romanos 6:23b). Antes que Pablo lo dijera, Jesús mismo aseguró: *«mi hijo muerto era»*. Con esta frase indicó que alguien estaba muerto y vivió. Y el padre del pródigo dijo: *«mi hijo ha revivido»*. Cuando alguien regresa al hogar del Padre recupera la vida. En casa del Padre los que regresan a él recobran la posibilidad de la vida eterna y alcanzan la verdadera existencia. El gozo del padre celebra que alguien muerto revivió; que un pecador restaurado resucitó a la verdadera vida, recuperó la compañía del Padre y volvió a la familia universal de Dios.

El otro aspecto del gozo del padre de la narración anuncia el final de quienes se alejan de Dios y no retornan. El retorno del hijo provocó un gozo indescriptible en el padre, porque el que estaba perdido había sido hallado. Estar perdido es triste, muy triste; se han escrito historias aleccionadoras acerca de gente perdida físicamente, pero las historias más dramáticas tienen que ver con quienes se pierden en lo espiritual. Una de las estrofas de un coro que cantan en muchas iglesias recuerda: Perder los bienes es mucho, perder la vida, es más, pero perder el alma es pérdida tal que no se recobra jamás.

Los escribas y fariseos enseñaban conceptos distorsionados acerca de Dios. Mostraban a Dios como un tirano implacable al cual había que calmar con ofrendas y servicios para que concediera unos pocos favores. Los propios escribas y fariseos estaban confundidos en cuanto a la realidad de un Dios de amor que busca al pecador con ansias hasta encontrarlo. Se miraban a sí mismos buscando desesperados a un Dios difícil de hallar.

Temían pronunciar el nombre de Dios, instruían a la gente en el error de que: «El pecador tenía que arrepentirse antes de que Dios estuviera dispuesto a amarlo o a prestarle atención. El concepto que tenían de Dios era, con demasiada frecuencia, el que Satanás deseaba que tuvieran. Pensaban que Dios concedía su afecto y bendiciones a los que le obedecían y que los negaba a aquellos que no le obedecían. Pero Jesús mostró la verdadera naturaleza del amor de Dios por medio de la parábola del hijo pródigo» (APIA, 1998).

Todavía quedan personas que no aceptan el arrepentimiento y salvación de quienes han estado perdidos y alejados de Dios. Como los escribas y fariseos, muchos creen que Dios es un tirano implacable ansioso por castigar a los pecadores. Pero Jesús reveló que Dios se goza cuando el pecador se arrepiente y regresa al hogar. En vez de castigar al pecador, la divinidad se alegra y festeja por la salvación obtenida en favor de los pecadores que se arrepienten.

En cierta ocasión, pastores de diferentes confesiones religiosas participábamos en una reunión convocada por el Departamento de Asuntos Religiosos del Gobierno de Cuba. El objetivo era que presentáramos a las autoridades los asuntos concernientes a los supuestos derechos y deberes de las diferentes instituciones religiosas del país. En medio de la reunión, la funcionaria encargada de atender los asuntos religiosos expresó: «Una cosa que nunca comprenderé del cristianismo, y con la que nunca estaré de acuerdo, es con que alguien que ha sido un delincuente, ha robado y ha vivido como una lacra de la sociedad, de repente, porque visitó la iglesia y aceptó una fe determinada, lo reciben en la iglesia con alegría como si fuera un héroe; y luego lo vemos por ahí vestido hasta de traje y corbata y atendiendo asuntos en la iglesia como si nada malo hubiera sucedido en el pasado».

Ella tenía razón, quienes no son discípulos de Jesús jamás comprenderán el amor perdonador de Dios ni el gozo indescriptible que nuestro Salvador siente cuando una persona se entrega a Cristo. Humanamente la transformación cristiana es inaceptable. En el mundo existen miles, y tal vez millones de personas que cometieron una falta y nadie los perdona. La humanidad no cree en el cambio. No lo acepta. Pero cada día miles se convierten a Jesús, y decenas de familias reciben el beneficio de la conversión y transformación de quienes estaban perdidos; para gozo de quienes los conocen, vuelven a Cristo y cambian sus vidas. Los hijos rebeldes son recuperados, los esposos separados vuelven a unirse, los hogares se restauran y la sociedad mejora un poco más. Las familias regeneradas son un testimonio viviente de cómo Cristo transforma a los pecadores que se arrepienten.

Hace más de medio siglo un hombre llamado José Moral dejó el mundo y siguió a Cristo. En su pueblo natal lo tenían por delincuente, borracho y drogadicto. La mayoría lo conocía como «Pepe Moral». A los treinta y seis años le habían celebrado treinta y dos juicios. Un día, al final de uno de aquellos juicios, el juez le impuso una multa y le dijo:

—Atiéndame bien, señor Moral, la próxima vez que usted sea traído ante este tribunal, lo enviaré con un año de cárcel para La Cabaña, en La Habana.

Pero el acusado replicó:

—Perdone..., señor juez, aún tengo dos juicios pendientes.

El juez sonrió.

—Bueno, después de esos dos juicios —advirtió.

Después de los dos juicios el acusado conoció a Jesús y cambió su vida de borracho a cristiano. Se casó con una joven cristiana y tuvieron ocho hijos, de los cuales tres somos pastores; y los otros, son cristianos y algunos desempeñan diferentes responsabilidades en la obra de Jesús. En dos mil diez, después de cincuenta y cuatro años de matrimonio, él murió en Cristo, a la avanzada edad de noventa y dos años. Aquella conversión alegró al cielo y a toda su familia. Por esto Jesús presenta una indescriptible escena de gozo cuando el hijo perdido regresó al hogar.

Aún puede significarse un detalle más del indescriptible gozo del Padre: la durabilidad del gozo de los seres celestiales. Jesús refirió: «Comenzaron a regocijarse; los comentaristas enseñan «tal fiesta normalmente duraría varias horas» (APIA, 1998). Esa era la costumbre en aquellos tiempos. Pero Jesús dijo: «Comenzaron a regocijarse»; él dijo que comenzaron, pero no dijo cuándo terminaron el regocijo y la alegría familiar causada por la vuelta del hijo que había retornado al hogar. Tal vez de un modo extensivo Jesús sugirió la idea del gozo eterno que el universo disfruta cuando su sangre derramada en la cruz rescata a un pecador de la muerte y la perdición del pecado. Como el mismo Jesús puntualizó al finalizar la primera parábola de este capítulo quince de Lucas: «*Os digo que así habrá más gozo en el cielo por un pecador que se arrepiente*». Nos recuerda que el gozo por la salvación de uno de nosotros, tú o yo, cualquiera que sea, llega a un lugar tan alto y permanente como el reino de Dios.

Resumen

Jacobo perdonó a su único hijo, que le había robado los ahorros de toda la vida. Es probable que en cualquier parte del mundo encontremos padres que perdonan a sus hijos muchos desaires y rebeliones que causaron incontables dolores y sufrimientos. Pero Dios está ansioso de perdonar a sus hijos rebeldes, y por todas partes llama a los perdidos, con «gemidos indecibles» (Romanos 8:26).

Esto es un hecho cierto, cuando retornamos al hogar del Padre celestial, Dios se goza con sus hijos que regresan. Él siempre nos recibe y nos libera del pecado, porque Jesús murió por nosotros. Él está dispuesto a gozarse con nosotros y otorgar al pecador arrepentido el perdón y la justificación de los pecados cometidos. Pero algo muy importante para que eso ocurra depende del pecador individual: este debe la aceptar el amor y la misericordia que Dios le ofrece, debe admitir que es un pecador y reconocer que sin Cristo los seres humanos estamos perdidos y muertos.

La conformidad de que solo él puede salvar al pecador sugiere dos preguntas importantes: ¿Estamos dispuestos a correr al encuentro de Jesús, que nos ama como nadie más y nos recibe sin tomar en cuenta nuestro pasado? ¿Deseamos volver al hogar del Padre, quien nos honra, aunque no lo merezcamos, se sacrifica por nosotros, aunque lo hayamos abandonado y se goza eternamente por nuestra salvación? Dios quiera que así sea con cada pecador que lea este libro.

Capítulo 8

SALVADOS POR EL AMOR

A pesar de la fiesta de la familia y de la alegría que produjo el retorno del hijo perdido la felicidad se eclipsó de repente. Aunque el hijo regresó, en el hogar del padre el gozo no fue completo. Cuando parecía que la historia terminaba con el inesperado retorno del hijo descarriado, Jesús introdujo el tema de las dificultades de la relación entre el hermano menor y el mayor. Describió las diferencias que existían entre los dos hijos y ejemplificó las discrepancias entre ambos. Reveló que el hermano mayor tenía una relación equivocada con su padre.

La segunda parte de la historia narra una serie de pequeños eventos que parecen insignificantes, pero que pueden darnos una imagen real acerca de los contrastes existentes entre ambos hermanos y la relación de ambos con su padre. Estas discrepancias entre ambos hermanos explicadas por Jesús en al parábola del pródigo que regresa a casa, representan las grandes diferencias que existían entre «publicanos y pecadores» y «escribas y fariseos». Estos simbolizan los dos grandes grupos humanos que todavía se relacionan con el evangelio y con la obra de Cristo en la tierra.

Relaciones opuestas con el padre

El primer contraste está en el tipo de relaciones opuestas con el padre que ambos hermanos escogieron. Jesús afirmó: «*Y su hijo mayor estaba en el campo; y cuando vino, y llegó cerca de la casa, oyó la música y las danzas; y llamando a uno de los criados, le preguntó qué era aquello. Él le dijo: Tu hermano ha venido; y tu padre ha hecho matar el becerro gordo, por haberle recibido bueno y sano*» (Lucas 15:25-27). El texto destaca cinco diferencias relacionadas con el tipo de relación que ambos sostenían con el padre en ese instante: distintos lugares de procedencia, distintos lugares de ubicación, distintas maneras de participación, distintos confidentes y distintos informes.

Distintos lugares de procedencia

El mayor volvió del campo de servicio y el menor regresó de un lugar apartado de alejamiento y disolución. El mayor representa a escribas y fariseos, que trabajaban con el supuesto objetivo de ganar el beneplácito divino de la salvación. Su religión consistía en un culto basado en la realización de buenas obras: hacer, hacer y hacer.

Los escribas y los fariseos procuraban ganar méritos mientras se medían con los demás para demostrar sus logros espirituales y financieros. Se enorgullecían de sus propias acciones y de los supuestos beneficios que alcanzaban. Eliminaron a Dios del centro de sus vidas y lo sustituyeron por el valor de sus acciones (APIA, 1998). La religión que profesaban los escribas y fariseos buscaba la salvación por méritos, como lo hacían los adoradores paganos cuando servían a sus dioses de palo y piedra. En el culto pagano los adoradores realizaban sacrificios descabellados para agradar a sus deidades. Llegaban a tal punto de entrega a sus deidades que ofrecían sus propios hijos como sacrificio vivo a sus dioses falsos. Era justificación por obras. Creían en dioses crueles que exigían el mayor sacrificio a cambio de su ayuda y cooperación.

Así mismo, «Los escribas y fariseos también trabajaban duro con la esperanza de ganar la herencia que el Padre celestial concedería a los hijos fieles, pero no servían a Dios por amor, sino como un deber para ganar la justicia por sus propias obras» (APIA, 1998). En su afán por producir y acumular méritos, ignoraban la advertencia del profeta Samuel: «*Ciertamente el obedecer es mejor que los sacrificios, y el prestar atención que la grosura de los carneros*» (1 Samuel 15:22). El hijo mayor representaba a escribas y fariseos, y manifestó su completa inconformidad y rechazo a la decisión del padre de recibir al hermano sin que lo castigara por la falta cometida. Creía que solo él merecía el amor y condescendencia del padre.

En cambio, el hermano menor había venido al padre arrepentido de su mala vida y de sus funestas decisiones. Había regresado de lejanas tierras porque había reconocido su falta y aceptado la voluntad del padre. Había confesado que no merecía nada. Había vuelto dispuesto a ser como cualquier jornalero.

Distintos lugares de ubicación

El mayor estaba cerca de la casa, y el menor había entrado a casa con el padre. Uno y otro tenían diferentes intereses. En una entrevista con uno de los escribas que había venido para probarle, Jesús dijo a los escribas y fariseos: «*No estáis lejos del reino de Dios*» (Marcos 12:34). Pero estar cerca no significa estar dentro; estar cerca y no entrar, tratándose del reino de Dios, significa vivir perdido.

Esta aparente pequeña diferencia de lugar puso al descubierto las verdaderas intenciones de ambos hermanos: el menor regresó arrepentido después de despilfarrar una apreciable herencia, pidió perdón y entró a la casa a gozarse con el padre; pero el mayor estaba afuera renuente a incorporarse al gozo de la familia. Permanecer fuera de la casa del padre significa perdición. Puede decirse: tan cerca y tan lejos.

No vino al padre para gozarse con él por el retorno del hermano perdido, sino para reclamar derechos que le parecían incuestionables. Sus disgustos justifican la rebeldía y hostilidad que manifestó contra el padre. En lugar de estar feliz por el retorno de su hermano, regresó a condenar al hermano y la decisión paterna de recibirlo en casa sin que hubiera consecuencias.

Distintas maneras de participación

El mayor escuchaba la música desde fuera de la casa y el menor disfrutaba de la música dentro del hogar del padre. El resentimiento personal, la justicia propia y el orgullo de carácter le impidieron al hermano mayor entrar a casa y disfrutar de las melodías que alegraban y llenaban de felicidad la residencia familiar. El hermano menor había dejado atrás la tristeza que lo había agobiado durante los aciagos años de separación, se había postrado ante el padre, había suplicó perdón, aceptado al padre como su única esperanza salvadora y entrado al hogar paterno a disfrutar de la música producida en gratitud a Dios por su regreso a casa. Ambos se deleitaban con influencias diferentes: el mayor permanecía arrullado por el amor propio y el menor satisfecho por el amor pleno que el padre le prodigaba.

Distintos confidentes

El mayor regresó del campo de servicio y la inusual música lo confundió y corrió a uno de los criados; pero el menor había regresado de lejos y corrido a su padre. El hermano mayor se dirigió a uno de los sirvientes porque percibía que un suceso extraño ocurría en casa del padre. Necesitaba una explicación acerca de lo que sucedía dentro de la casa del padre y fue al criado para que le revelara qué sucedía en el hogar. No fue al padre que estaba dentro de la casa y podía explicarle mejor que un criado la realidad de lo que ocurría dentro del hogar. En su lugar, se dirigió a un sencillo y desinformado sirviente. ¿Qué sabía ese criado acerca de los grandes misterios del amor del padre? ¿Qué informe podía ofrecer un criado?

Los criados conocen de las tareas que a ellos les corresponden. El portero sabe de puertas, y muchas veces de una sola puerta. El almacenero conoce de almacén. El barrendero de escobas y útiles de limpieza. Lo más probable es que cada criado sabe de lo suyo y de nada más. Pero el señor de la casa lo sabe todo. ¿Qué insinuó Jesús al observar que el hijo mayor se dirigió a un criado en vez de dirigirse al padre?

En contraste, cuando el hermano menor perecía rodeado de cerdos para siempre, había reflexionado: «*Me levantaré e iré a mi padre*». La historia no habría tenido el mismo final si el hermano menor hubiera dicho: Me levantaré y averiguaré con un criado cómo anda la situación por casa. Mucha gente prefiere una relación con criados antes que con el Padre celestial. Esa es una de las razones por las que en el mundo existe gente confundida y perdida, incluso dentro de la iglesia. Ese era uno de los principales problemas de los escribas y fariseos, dieron la espalda a Dios y obedecieron mandamientos y disposiciones humanas. Ve a tu padre celestial que te ama y reconcíliate con él.

Distintos informes

La quinta diferencia está en el origen y contenido de los informes que ambos hermanos recibieron. El mayor recibió la información de un criado y el menor había escuchado al padre. El informe del criado al hermano mayor fue tendencioso: «*Tu hermano ha venido; y tu padre ha hecho matar el becerro gordo, por haberle recibido bueno y sano*». Fue un informe devastador para quien nunca había despilfarrado nada y jamás había faltado un solo día en el hogar ni en el cumplimiento del deber. El informe del criado incomodó al hijo mayor y lo llevó a la rebelión contra el padre

Si hubiera ido directo al padre el informe habría sido otro. La alusión del criado acerca del tipo de becerro sacrificado por el padre a causa de alguien que no lo merecía fue lo que provocó el disgusto más grande del hermano mayor. El hermano mayor probablemente pensaba que ese becerro y todo lo que había en la hacienda era suyo y nada se debía tomar sin su consentimiento (APIA, 1998). El mayor recibió del criado un informe que lo lanzó hacia la infelicidad y la rebeldía. Pero el menor había ido directo al padre y recibido el informe del perdón y la justificación, más bien un sedante que le había devuelto la paz y la felicidad perdidas. Por eso había olvidado el pasado, entrado a casa con su padre y se gozaba con la música del festejo familiar.

Decisiones personales enfrentadas

El segundo contraste entre los dos hermanos radica en el tipo de decisiones que ambos tomaron. Jesús lo definió con pocas palabras: «*Entonces se enojó, y no quería entrar, salió por tanto su padre, y le rogaba que entrase*» (Lucas 15:28).

Existen cuatro diferencias dentro del segundo contraste entre el hermano mayor y el menor. Son contrastes que ponen de manifiesto las verdaderas intenciones de ambos hijos ante un padre que no tenía preferencias especiales con ninguno de los dos. Jesús mostró cómo el padre no distinguió más a uno que al otro.

Primero el padre corrió al encuentro de su hijo perdido y lo abrazó contra el pecho, lo perdonó sin requerimientos y lo recibió feliz en casa. Después el padre salió otra vez de la casa para abrazar al hijo mayor, al que siempre había estado ahí, el que nunca se había ido, pero que hervía de resentimiento, desbordaba de egoísmo, estaba ciego de orgullo y corroído hasta por el odio hacia quienes creía inferiores a él. El padre salió de casa en busca de ambos hijos. Perdonó al pródigo y suplicó al inconforme. Pero amaba a ambos por igual. Porque Dios es amor (1 Juan 4:8).

Pero ambos hermanos tomaron diferentes decisiones cuando se encontraron con el padre amante que salió a buscarlos. El padre no tuvo a menos encontrarlos en medio de las diferencias producidas. Pero uno y otro hermano aceptaron al padre de modos distintos.

Distintas características emocionales

El mayor enojado y el menor humillado. Pablo señaló: *«que no tenga más alto concepto de sí que el que debe tener, sino que piense de sí con cordura»* (Romanos 12:3).

Era catorce de febrero, día del amor y la amistad. Esa noche habíamos preparado un lugar especial para las parejas de la iglesia. Los fotógrafos estaban en sus puestos con sus cámaras fotográficas listas para tomar las fotografías de los enamorados. Un pequeño brindis esperaba en un lugar apropiado hasta que terminara la ceremonia. Juntos lo disfrutaríamos.

Habíamos preparado un acto de renovación de votos matrimoniales. Cada pareja comprometida desfilaría por el pasillo central de la iglesia y ocuparía un lugar privilegiado en la parte delantera del templo. Era un retorno al altar nupcial para renovar los compromisos conyugales.

Como pastor, estaría de pie sobre el podio engalanado mirando a los enamorados desfilar en presencia de los reunidos en la iglesia. Después de un corto sermón invitaría a mi esposa a venir a mi lado y juntos nos comprometeríamos a continuar amando y queriéndonos para siempre como esposos.

Pero un incidente imprevisto opacó el brillo de la ceremonia durante unos instantes. Cuando nos disponíamos a iniciar el desfile hacia el altar se incorporó a la marcha un matrimonio que de muchas maneras parecía una pareja de desequilibrados mentales. Andaban pobremente vestidos. Eran muy humildes. Enseguida una de las parejas más destacadas de la iglesia dio un giro, abandonaron la ceremonia y salieron hacia la calle. Dejaban atrás hasta el templo. Abandoné la comitiva nupcial a punto de iniciar la marcha hacia el altar y corrí tras ellos.

—¿Hermanos qué les ocurre?

—Si esa pareja participa en este acto nosotros nos retiramos ahora mismo. El momento era crucial, los inconfundibles acordes de la marcha nupcial llenaban cada rincón del templo engalanado de flores y repleto de gente. Comenzaba la marcha nupcial. No había tiempo para largas y convincentes conversaciones ni para discurrir sobre verdades bíblicas, lo único que se podía hacer era marchar hacia el lugar reservado para la ceremonia.

—¡Por favor!... Si ustedes se retiran voy a creer que tienen la mente peor que ellos —dije.

Gracias a Dios, ambos esposos dejaron el disgusto y se incorporaron a la marcha y participaron de la ceremonia. Más tarde aseguraron que el acto había sido una gran bendición para todos.

Cometemos un grave error cuando nos comparamos unos con los otros. No hacemos la obra de Dios cuando nos medimos con los demás seres humanos y decidimos si alguien debe o no debe entrar en su reino. Nos ponemos en el lugar de Dios. Olvidamos que no somos dioses.

Cuando explico estas verdades bíblicas, aclaro: lo que ahora vamos a estudiar tiene que ver con verdad y error, con interpretación correcta o incorrecta de porciones de las Escrituras. Tratamos acerca del modo como la gente ve estas verdades, pero no de quiénes se pierden o Dios salva. No nos corresponde a nosotros opinar sobre salvación. La salvación es un don que pertenece a Dios y él lo da a quien quiere, como quiere y cuando quiere.

Pablo aseguró a los efesios: «*Porque por gracia sois salvos por medio de la fe; y esto no de vosotros, pues es don de Dios*» (Efesios 2:8). Sin embargo, en el relato del pródigo Jesús presentó a uno que pensaba que el padre había recibido en casa a alguien que no debía aceptar. Salta a la vista que el beneficiado de esa manera tan particular era su propio hermano. Los legalistas no aman a nadie, se aman a ellos mismos. El legalismo es una aberración satánica del evangelio. No existe virtud en los legalistas.

Los escribas y fariseos pensaban que eran los únicos listos para entrar en el reino, pero lo peor era que no percibían que sucedía lo contrario. Su actitud egoísta los incapacitaba para entrar en el reino de Dios. Un hecho que no ocurría con el hermano menor, quien se había presentado al padre sin alegar mérito alguno y completamente humillado. Y cuyas faltas el padre había perdonado.

Distintas respuestas a la invitación

El mayor se negó a entrar y el menor había aceptado gozoso la generosa invitación del padre. El contraste de ambas decisiones es grande. El supuesto hijo malo, de corazón egoísta, pervertido, de hábitos corrompidos y que se había alejado del hogar, se había arrepentido de corazón y había regresado a casa sin exigir condiciones previas. En ese preciso instante se gozaba con su padre dentro de casa. En tanto, el que a simple vista parecía mejor hijo, en ese momento era víctima de una pataleta propia de un adolescente. Se negaba a entrar a casa a festejar la llegada de su hermano. Hasta la presencia del padre le molestaba. El pecado del orgullo se interpuso en el camino a la salvación del hermano mayor. El orgullo es el padre de todos los pecados. Es el peor pecado que acecha a los seres humanos.

Con esta parábola Jesús advirtió contra el orgullo a los escribas y fariseos. Esta también es una advertencia divina que llega hoy a las almas que desean reconciliarse con su Padre celestial. Dentro de las aspiraciones humanas de salvación, es apropiado comprender el papel que puede jugar la eliminación del orgullo. La realidad es que a Dios le molesta el orgullo porque es la manera como decimos que somos suficientes y no necesitamos nada de nadie. El orgullo perdió a Lucifer y perderá a mucha gente que pretendía servir a Dios.

La advertencia de Jesús a escribas y fariseos no fue en vano. Hubo algunos de esos hermanos mayores, escribas y fariseos, que vencieron el orgullo y entraron junto al hermano menor en la casa del Padre. Nicodemo y Simón son ejemplos de esa transformación. Nicodemo fue a Jesús en la oscuridad de la noche, porque temía que lo vieran con él, pero cuando Jesús murió estuvo entre los que arriesgaron todo ante Pilato y pidieron el cuerpo de Jesús (Juan 19:39).

Simón estuvo con Nicodemo ante Pilato y cedió su tumba para sepultar el cuerpo de su Salvador. Estos dos no fueron los únicos fariseos salvados por Jesús, pero ambos son un ejemplo de que Dios los amaba a ellos también y de que el esfuerzo de Jesús no fue en vano (Juan 19:38; Mateo 27:57-61). Con las súplicas y ruegos del padre Jesús ilustró cuanto el cielo hacía por convencer a escribas y fariseos de sus errores, y de la mala interpretación que hacían del correcto sentido de la fe y la religión. Esa misma insistencia Jesús la tiene hoy en día con cada uno de nosotros. Todavía existe gente legalista en la iglesia de Dios, pero Cristo los ama y los quiere salvar. Los legalistas pueden alcanzar salvación, pero antes deben dejar a Dios el juicio y aceptar la redención inmerecida que Cristo les ofrece. Deben comprender que la salvación no es por las obras humanas y propias, sino por la gracia de Jesús que murió en la cruz del Calvario para salvar a los pecadores.

Distintos conceptos sobre la reconciliación

El hijo mayor rechazó al padre cuando salió a su encuentro e impugnó la generosa reconciliación que le ofreció; y el menor, se había abrazado al padre cuando este corrió a recibirlo, y se reconcilió con él sin excusas ni pretextos. Pero el mayor quería una reconciliación basada en el reconocimiento de sus propios méritos y el menor se había reconciliado sobre la base del amor, la misericordia y el carácter perdonador del padre. No importa cuáles sean los motivos en nuestras vidas, rechazar a Dios es un pecado mortal. Jesús mismo advirtió a quienes incurren en ese pecado: «*El que me rechaza, y no recibe mis palabras, tiene quien le juzgue; la palabra que he hablado, ella le juzgará en el día postrero*» (Juan 12:48). Nadie tiene excusa para rechazar la entrada al reino de Dios.

Las justificaciones nacen del orgullo y del amor propio y están condenadas al fracaso. El contraste entre ambos hermanos es evidente: el mayor rechazó al padre; pero el menor lo había abrazado, se había postrado a sus pies, y había reconocido su indignidad. Había suplicado el perdón y la reconciliación inmerecida y las había obtenido.

Distintas decisiones ante la invitación del padre

El hijo mayor se negó a entrar a la casa, pero el menor había aceptado la invitación del padre y había entrado a gozarse con la familia. La disposición de uno y de otro fue diametralmente opuesta. Algunos estudiosos concluyen que la actitud negativa se prolongó más de lo que debía. A pesar de los ruegos de su padre, el hijo mayor siguió disgustado con este y con su hermano. Con razón se ha dicho: El pecado ciega a los culpables. Jesús dijo: «*no quería entrar*».

Otro comentario dice que así se enojaban los escribas y los fariseos con Jesús. «El enojo del hijo mayor establece un agudo contraste con el inmenso gozo del padre» (APIA, 1998). Es evidente que la decisión de escribas y fariseos los ponía lejos de sus aspiraciones de entrar en el reino de Dios. La decisión de cada ser humano tendrá mucho que ver con lo que suceda en el corazón de cada individuo.

Su actitud fue lastimosa: «Entonces se enojó, y no quería entrar, salió por tanto su padre, y le rogaba que entrase». El versículo indica las diferencias que señalan la decisión de ambos hermanos; uno y otro tomaron cuatro decisiones distintas: en el carácter, uno se enojó y el otro no. En la aceptación, uno se negó a entrar y el otro había entrado satisfecho. En la reconciliación, uno se negó a reconciliarse y el otro había acepto la oportunidad y comenzó una vida nueva. Y en la disposición, uno se negó a reconocer el amor del padre, y el otro aceptó feliz la orden de su misericordioso salvador. Las cuatro diferencias ayudan a decidir correctamente lo que hemos de hacer cuando el Padre celestial sale a recibirnos.

Motivaciones personales diferentes

El tercer contraste está en la motivación que dictó la relación de ambos hermanos con su padre: «*Mas él, respondiendo, dijo al padre: He aquí, tantos años te sirvo, no habiéndote desobedecido jamás, y nunca me has dado ni un cabrito para gozarme con mis amigos. Pero cuando vino este tu hijo, que ha consumido tus bienes con rameras, has hecho matar para él el becerro gordo*» (Lucas 15:29, 30).

La motivación es uno de los elementos esenciales para tomar decisiones correctas en la vida. Cada individuo tiene sus propios motivos para tomar las providencias que toma en su actuación diaria. De acuerdo con el relato Jesús expuso que ambos hermanos estaban motivados por aspiraciones diferentes.

Al mayor lo motivaba una mentalidad perfeccionista, basada en el servicio y la obediencia; mientras que al menor lo motivó la convicción del arrepentimiento propio y la fe en el amor y perdón del padre.

Pablo aseguró que, al verdadero cristiano, «*el amor de Cristo lo constriñe a amar al Padre*» (2 Corintios 5:14). Si analizamos el asunto de las motivaciones en ambos hermanos, nos percatamos de que, al menos, existen entre ellos cuatro motivaciones diferentes.

Distintos motivos de inspiración

El mayor se inspiró en el servicio y la obediencia y el menor lo había hecho en la confesión y el arrepentimiento. El propio hermano mayor dijo *«he aquí, tantos años te sirvo, no habiéndote desobedecido jamás»*. Había llevado una vida de servicio, pero no era feliz, se sentía explotado por su padre, desatendido por su familia y sentía que no lo habían recompensado por lo que hacía. Y como si eso no fuera suficiente, se había esmerado en la obediencia.

Él mismo explicó el contraste que provocó su disgusto: *«Este tu hijo, que ha consumido tus bienes con rameras»*. ¿No te das cuenta de que tu hijo menor ha llevado una vida improductiva y de abierta rebelión y desobediencia, mientras que yo he vivido para trabajar y obedecer? El hermano mayor no entendía lo que pasaba, porque el legalista es incapaz de comprender que el amor, y no las obras, es el fundamento del gobierno de Dios. Su disgusto fue tan enorme que no reconoció a su hermano, y de un modo burlesco lo llamó «tu hijo», como si no fuera nada suyo (Hendriksen, 1994).

Jesús sabía que los dos grandes baluartes de los escribas y fariseos eran el servicio y la obediencia. Pasaban el tiempo compitiendo con los demás y entre ellos mismos. Trataban de superarse unos a otros en obediencia y servicio. Escribas y fariseos pensaban que el secreto de la salvación radicaba en el servicio abnegado y en la obediencia estricta. Estaban tan ocupados en trabajar y obedecer que no disfrutaban una relación con el Padre. No eran felices. La obediencia y el servicio sin Cristo convierten al siervo en un religioso agotado.

Vivían atiborrados por sus propias obras. Los seguidores de esos maestros del legalismo también sentían que sus fuerzas se agotaban, estaban extenuados de servir y obedecer, hasta que caían finalmente exhaustos. Iban por el mundo cargados de falsas obras. La religión había dejado de ser un placer para ellos. Como dijo Jesús, la religiosidad se les había convertido en: *«cargas pesadas y difíciles de llevar»*, puestas *«sobre los hombros de los demás»*, y las cuales ellos *«ni aun con un dedo las quieren mover»* (Mateo 23:4).

El problema era que el hermano mayor actuaba como siervo y no como hijo. Con su actitud el hermano mayor «afirmaba que la propiedad de su padre le correspondía por derecho propio, pues la había ganado; y estaba enojado con su padre por no reconocer lo que consideraba como derecho suyo por ser el hijo mayor» (APIA, 1998). Y «observaba con rigor los requisitos externos que como hijo le correspondía obedecer, pero no comprendía en nada el verdadero espíritu de la obediencia. Su servicio no era más que el cumplimiento servil de las formas externas de la piedad filial» (APIA, 1998).

Lo que para él constituía la máxima inspiración de su vida al mismo tiempo lo agobiaba tanto que le era imposible disfrutar de la compañía amante de un padre, cuyo principal baluarte es el amor. Escribas y fariseos no comprendían que servicio y obediencia sin amor son hipocresía.

Distintas aspiraciones

El hermano mayor aspiraba a una recompensa material, y el menor había declarado que no merecía nada. Vivimos en un mundo lleno de reconocimientos y menciones de méritos personales. Mucha gente realiza grandes acciones para ser reconocidos, admirados por los demás y hacerse acreedores de ricos galardones; pero Jesús había dicho que quienes actúan así *«ya recibieron su recompensa»* (Mateo 6:1-6). Pablo advirtió acerca de ese inútil comportamiento y en pocas palabras señaló el verdadero sentido del servicio: *«No para agradar a los hombres, sino a Dios, que prueba nuestro corazón»* (1 Tesalonicenses 2:4).

El relato sugiere que en su interior el hermano mayor envidiaba al hermano menor; porque, al mismo tiempo que acusaba a su hermano de despilfarrador y fiestero, también tildó a su padre de egoísta, porque, según él, nunca le había permitido gozarse con amigos: *«Y nunca me has dado ni un cabrito para gozarme con mis amigos»*. Lastimosamente, quien había vivido siempre al lado del padre, reveló una conciencia llena de celos, un carácter envidioso, una vida infeliz y un comportamiento egoísta. Mientras el hermano mayor criticaba la disoluta vida pasada de su hermano, reveló que nunca había disfrutado con amigos y puso de manifiesto que, como su hermano, él también deseaba un poquito de diversión. Y acusó al padre de que sus exigencias no se lo permitían.

Jesús mostró que en el fondo escribas y fariseos se sentían infelices en la permanente compañía del Padre, y que también deseaban, como aquellos a quienes llamaban pecadores, distraerse con amigos (APIA, 1998). Mientras el mayor reclamó derechos que, según él, se le debían, el hermano menor ya había declarado: *«no merezco nada»*. En una clase de mayordomía, un profesor dijo: «La ley de los justos merecimientos es la ley del pecado».

Distintos conceptos familiares

El hermano mayor aborrecía a su hermano menor y lo acusó de no ser su hermano: «este tu hijo, que ha consumido tus bienes con rameras»; en cambio, el menor había regresado al hogar y solicitado ser un simple siervo en casa del padre: *«hazme como a un jornalero»*. Con el sarcasmo de, *«este tu hijo»* el mayor declaró que quien había llegado no era su hermano, que no lo apreciaba en absoluto, que no lo quería para nada y que no tenía nada que ver con él. La actitud del hermano mayor nació del orgullo, la misma fuente de donde Caín sacó el desprecio por su hermano Abel. Caín también fue víctima de la arrogancia cuando preguntó a Dios: *«¿Soy yo acaso guarda de mi hermano?»* (Génesis 4:9).

En su egoísmo, tanto escribas como fariseos excluían a todos los demás de las posibilidades del Reino, y se consideraban a sí mismos únicos herederos de la salvación. El exclusivismo es un peligro que aún ronda las congregaciones cristianas.

En cualquier lugar aparece quien se esfuerza por determinar quiénes se salvan o se pierden, y cuántos son falsos o verdaderos cristianos.

Hace poco escuché que la ciencia ha inventado una máquina que detecta en un campo de futbol una partícula de explosivo del tamaño de la cabeza de un alfiler. Agradezco a Dios porque, a pesar de los indiscutibles avances técnicos, de los descubrimientos y adelantos científicos del mundo actual y de la invención de tantos equipos capaces de medir casi cualquier cosa, aún nadie ha inventado el «Santímetro».

Qué sucedería si en la iglesia hubiera un artefacto electrónico moderno que mediera los grados de santidad de los hermanos de la iglesia. El espíritu de competencia y rivalidad entre hermanos convertirían al cristianismo en una organización insoportable. Por todas partes habría más cristianos perdidos que salvados. Enseguida solicitarían un informe de la santidad del pastor, de los líderes y de cualquier otro fiel que desearan escrutar. Es posible que semejantes informes hubiera que guardarlos en cajas fuertes para evitar que los robaran. Se convertirían en información privilegiada. Porque la competencia religiosa es uno de los grandes males eclesiásticos de todos los tiempos.

Cierta vez un profesor de Biblia aseguró: «El perfeccionismo es una aberración satánica del evangelio, porque hace que las personas quiten su vista de Cristo para mirarse a sí mismos». Sin embargo, los escribas y fariseos confundieron de tal manera a la gente que hasta los discípulos los veían a ellos como símbolos vivientes de la salvación y la santidad. Los discípulos se sorprendieron cuando Jesús afirmó: «*Porque os digo que, si vuestra justicia no fuere mayor que la de los escribas y fariseos, no entraréis en el reino de los cielos*» (Mateo 5:20). Entonces pensaron, ¿quién podrá ser mejor que estos esforzados religiosos? Pero Jesús de un golpe echó abajo las pretensiones erradas acerca de la salvación que ellos tenían.

Distintos conceptos acerca del carácter del padre

El hermano mayor acusó al padre de injusto, mientras que el menor había confiado en la justicia del padre. «*Pero cuando vino este tu hijo, que ha consumido tus bienes con rameras, has hecho matar el becerro gordo*» (Lucas 15:30). En el versículo treinta Jesús aludió a dos temas, porque el hermano mayor hizo una acusación doble. Reflejó un concepto pésimo acerca de su hermano y de la propia familia, y a la vez acusó al padre: «*Has hecho matar el becerro gordo*». En sus impertinentes reclamaciones exteriorizó una intención egoísta y condenatoria.

Mientras mostraba celos incontrolados con el trato que el padre le había dado a su hermano, también acusó al padre de privilegiar al hermano. Hizo una comparación sarcástica: «No me diste un simple cabrito, pero a él le diste el becerro gordo» (Nichol, 1990). La queja contenía en sí misma la insinuación de que si el padre había repartido los bienes, ese becerro no le pertenecía al padre, y por tanto, no debió sacrificarlo sin contar con él (Nichol, 1990).

Parece inexplicable cómo una persona que dice tener a Dios en su corazón puede acumular en su interior tanta maldad y tantas inconformidades: envidia y celos de su hermano menor, y dudas y condena hacia su padre. Una enorme raíz de amargura llenaba el corazón de estos tristes aspirantes al reino de los cielos. Ese mismo mal todavía hace estragos dentro del pueblo de Dios. Las raíces de amargura a veces son tan imperceptibles que apenas se notan.

Hace años a mi esposa y a mí nos costó mucho esfuerzo descubrir por qué el agua de nuestra casa se había vuelto amarga y apenas se podía beber. Una bomba eléctrica bombeaba el agua del pozo hacia un depósito nuevo de quinientos galones que habíamos suspendido sobre la placa de mampostería de la casa. Era un recipiente sellado con una tapa nueva. La única anormalidad consistía en que una enredadera silvestre había crecido en la cerca de la casa y había ascendido al techo y cubierto el tanque casi por completo. Pero no le habíamos dado importancia, porque a veces el tanque colmado de pequeñas flores rosadas se veía tan bonito que parecía un jardín colgante. Además, estábamos convencidos de que la sombra de la enredadera mantenía una temperatura agradable en el agua.

Llegó el momento en que el mal sabor del agua que bebíamos nos preocupó tanto que decidimos investigar la causa del problema que nos agobiaba. Creíamos que la dificultad se relacionaba con el tanque, porque el pozo estaba en un lugar limpio y aislado de cualquier elemento contaminante. Así que cortamos las plantas que invadían los alrededores del depósito de agua, incluyendo la enredadera, y drenamos hacia el vertedero el agua del recipiente. Limpiamos las tuberías que transportaban el preciado líquido a la casa. Después bombeamos agua nueva hacia el descombrado depósito y dimos el trabajo por terminado. Pero la calidad del agua no cambió. El poso no tenía problemas y el tanque estaba libre de plantas. Sin embargo, nada cambió en el agua que salía de las tuberías. Para sorpresa nuestra el mal sabor persistía tanto en el agua que nos obligó a buscarla en otro pozo del barrio.

Pocos días después de la limpieza del tanque, cuando ya pensábamos que el pozo se había echado a perder, una pequeña hoja verde brotó entre el recipiente y la tapa de este. No había una sola rama que conectara el tanque con la tierra, ¡cómo podía haber una hoja viva brotando entre la juntura de la tapa y el tanque! Enseguida subía al techo de la casa y levanté la tapa del tanque. Entonces apareció la causa que dañaba el agua del pozo. Una de las enredaderas que habíamos cortado días atrás se había entretejido a duras penas entre el tanque y la tapa y había enraizado dentro del recipiente.

La enredadera se había convertido en una planta independiente que vivía dentro del agua del tanque. Dentro del depósito las raíces se propagaron de tal modo que invadieron por completo el interior del recipiente de quinientos galones de capacidad. Las raíces de la enredadera parecían una red de finísimos hilos blancos que ocupaba cada pulgada cuadrada de la pared interna del depósito del agua.

Cuando descubrimos la causa de la amargura del agua temimos por nuestra salud. Pensé en mi esposa y en el niño de un año que teníamos; pero reflexioné, si esta planta fuera venenosa nos habría matado. Mi mente se recuperó. En pocos segundos me repuse de la repulsiva conmoción, metí la mano en el tanque y extraje del agua la red que semejaba una enorme cabellera de finísimos filamentos blancos y la eché en la basura.

De ese modo actúan las raíces de amargura. Se entretejen en nuestras vidas hasta que se convierten en parte de nosotros mismos. Luego llega el momento en que son casi imposibles de detectar. Por esa razón el hermano mayor estaba amargado y no se dio cuenta de la miserable situación que padecía. En cambio, el hermano menor había ido al padre humillado y sumiso, y había exclamado: «*Padre, he pecado contra el cielo y contra ti. Y ya no soy digno de ser llamado tu hijo; hazme como a uno de tus jornaleros*» (Lucas 15:18,19).

Es posible que después de su enorme pecado con Betsabé, David pronunciara la más efectiva declaración poética que jamás se haya conocido acerca de la necesidad del pecador de conseguir un espíritu humilde delante de Dios: «*Al corazón contrito y humillado no despreciarás tú, oh Dios*» (Salmos 51:17). Y Santiago recuerda al respecto: «*Dios resiste a los soberbios, y da gracia a los humildes*» (Santiago 4:6).

Percepción correcta del padre

De un modo justo Jesús hizo una radiografía escrita de ambos hijos: «*Él entonces le dijo: Hijo, tú siempre estás conmigo, y todas mis cosas son tuyas. Mas era necesario hacer fiesta y regocijarnos, porque este tu hermano era muerto, y ha revivido; se había perdido, y es hallado*» (Lucas 15:31, 32). El cuarto y último contraste acerca de ambos hermanos reside en la percepción que el padre tuvo de ambos hijos, y en la apreciación que hizo de ellos. En el relato hay un desenlace, un veredicto que esclareció quién tenía la razón. Fue el padre quien dio ese veredicto. En pocas palabras el padre resumió las posiciones encontradas de ambos hijos. Expuso las diferencias entre el hermano mayor y el menor, entre el hijo «obediente» y el desobediente.

Trato semejante a ambos hijos

Cuando el padre se dirigió al mayor, quien todavía pugnaba fuera de la casa disgustado para no entrar, el padre lo llamó «hijo». Lo más sorprendente es el modo amable con que el padre salió de la casa por la puerta trasera a encontrarse con el disgustado hijo mayor y con cariño lo llamó «*hijo*». No fue casualidad que el padre usara la palabra griega *téknon*, que se traduce como «*hijo*» en el relato, pero que también puede significar «niño». Se comenta que «el padre no empleó aquí la palabra *huiós*, también «hijo» en griego, sino que se dirigió al hijo mayor con un término más afectuoso, téknon. «Fue como si le hubiera dicho: mi querido muchacho» (Nichol, 1990).

La palabra *huiós* tiene una amplia gama de significados, desde descendiente hasta el uso de esta como título. Por lo que se la utiliza decenas de veces cuando se refiere a Cristo (Orrego, 1995). Pero el padre llamó a su hijo mayor *téknon;* o sea, del modo más familiar y cariñoso posible, le dijo: mi querido muchacho inexperto y malcriado.

*Da mucho aliento y confianza saber que Dios ve a cada uno de sus hijos com*o si fuéramos sus muchachos. Dios nos ve como niños, como criaturas que necesitan amor y afecto. A pesar del mal comportamiento de su hijo mayor, lo llamó *téknon,* «mi querido muchacho». Dios amaba a los escribas y fariseos como a los demás que escuchaban a Jesús, pero Cristo hizo hasta lo imposible porque comprendieran el amor de Dios por ellos. Fue por eso por lo que le suplicó, querido muchacho, muchacho adolescente, inmaduro, hace falta que dejes las muchachadas y comprendas la realidad sobre la verdadera relación con Dios.

El padre sugirió al hijo mayor: deja el rencor, los celos infantiles, los juicios inútiles y desenfocados y acepta a tu hermano que vino arrepentido. Comprende de una vez y por todas que Dios no es obediencia y servicio, sino amor». Acepta de una vez que la obediencia y el servicio son el resultado del amor, y no el objetivo de la carrera cristiana. Comprende que más vale la salvación de un alma que la obtención de todos los bienes materiales del mundo.

Pero cuando el padre se refirió al hijo menor lo llamó *«tu hermano»*. Su hijo mayor, experimentado en los asuntos espirituales, cumplidor de las encomiendas del padre y trabajador abnegado en la propiedad de la familia, debía comprender que ese hijo despilfarrador y fracasado que había regresado a casa era su hermano.

Eso también es lo que Dios quiere que sus hijos comprendan hoy. Él desea que nos tratemos como hermanos, que todos nos amemos como miembros de la misma familia y nos aceptemos unos a otros como somos. Dios desea que dejemos al Padre lo que deba ser enmendado y corregido; porque nadie mejor que él para perfeccionar el carácter de cada miembro de su familia. Él es amor y el amor todo lo puede y soporta (1 Corintios 13). Desde hace años cuando saludo a la congregación en la iglesia, no uso la estereotipada frase: «hermanos y visitas»; digo: «hermanos bautizados y no bautizados». Es increíble cómo esto atrae a Cristo a personas que luego se entregan a Jesús. No sabían que éramos hermanos. Les gustó que los reconociéramos como de una misma familia.

Jamás olvidaré lo que ocurrió una vez en una clase cuando el profesor dijo: «Ninguno tiene el derecho de herir al prójimo, insultar al prójimo y juzgar al prójimo». Un alumno reaccionó como un relámpago y levantó la mano y dijo: «Profesor, y ¿por qué Jesús les dijo "generación de víboras", no podemos hacer lo mismo?». El profesor respondió calmado: «Si al otro día vas a morir por esas personas, claro que tú también puedes llamarles víboras». Un silencio profundo cundió el aula y reflexionamos acerca del amor al prójimo. La mayoría de quienes critican a otros estarían dispuestos a matarlos antes que a morir por ellos.

Visión correcta acerca de ambos hermanos

El relato termina de modo magistral, porque Jesús demostró que el padre amaba a los dos hijos por igual: «*Hijo, tú siempre estás conmigo, pero él se había perdido y estaba muerto, y ha sido hallado y ha revivido*». El hermano mayor no se había marchado jamás del hogar paterno. En apariencias había estado junto a su padre, nunca se había separado de la familia, ni había participado de las inmoralidades corruptas de la vida. Sin embargo, su preocupación por el servicio y la obediencia, los dos grandes baluartes de la entrega a Dios habían hecho que olvidara la relación con el padre. A pesar de la aparente entrega, el hermano mayor se sentía solo y abandonado a su suerte. Había obedecido y trabajado como ningún otro hijo, pero esas mismas luchas le amargaron la vida de tal manera que aborreció a su hermano y se enfrentó al padre sin medir las consecuencias.

Con la parábola de la moneda perdida Jesús ejemplificó la actitud de los fariseos de un modo sencillo. Como cualquier moneda que se pierde, los escribas y fariseos estaban en una situación tal de ceguera espiritual, que ni siquiera percibían la triste condición de su extravío espiritual. Lo peor no era que ignoraran su propia condición espiritual; sino que, como la moneda del relato, se encontraban perdidos dentro de la casa de Dios. Estar perdido dentro de la iglesia es el colmo del desastre espiritual. Lo más triste era que no lo percibían. Lo mismo sucede hoy en día a quienes en cualquier época se pierden inconscientes dentro de la iglesia.

Cuando predicamos de la parábola de las diez vírgenes y enfatizamos que cinco vírgenes no tenían aceite y que cinco sí lo tenían, que cinco de ellas se durmieron y que cinco no se durmieron, hacemos una interpretación superficial de la parábola; porque convertimos esa triste negligencia en la causa por la que las cinco vírgenes insensatas quedaron fuera cuando llegó el esposo. Pero la causa de la triste pérdida fue la ausencia de relación con el novio.

En la parábola de las diez vírgenes existen otras lecciones más poderosas. En aquella época, como en cualquier otra, la novia invitaba como dama de compañía a sus mejores y más confiables amigas. Aquella noche de bodas las diez vírgenes que estaban allí eran las mejores amigas de la novia. Pero la noche de la fiesta nupcial ocurrió lo inesperado. El novio se tardó y las diez mejores amigas de la novia se durmieron, y cinco de ellas se quedaron desprovistas de aceite y no hallaron otra solución posible que salir a la calle a comprar aceite en un momento que ya no era posible que lo adquirieran.

Mientras intentaban comprar aceite a una hora en que ya nadie lo vendía, llegó el novio, entró en casa y cerró la puerta tras sí. Las cinco amigas de la novia quedaron en las «tinieblas de afuera». Después sucedió el desenlace, lo que algunos creen que es el verdadero objetivo de la parábola: las cinco jóvenes, chasqueadas por su situación personal, regresaron a casa de la novia; lo más probable, todavía sin aceite, y encontraron que el novio había entrado y cerrado la puerta.

Es ahí donde está la lección de la parábola. Jesús señaló lo que ocurrió después que la puerta se cerró: imploraron ayuda, rogaron al novio, suplicaron perdón, dijeron sus nombres y explicaron quiénes eran. Pero por más que las cinco muchachas, amigas íntimas de la novia, intentaron que se les reconociera, el esposo, que ahora estaba al frente de la fiesta y era quien decía la última palabra, dijo: «*no os conozco*» (Mateo 25:1-13). No las conoció. Nunca las había visto y ni siquiera sabía quiénes eran.

El Dr. Roberto Badenas hizo un pequeño y puntual comentario que llama la atención sobre ese significativo hecho: «Del interior llega, con el resplandor de la fiesta, un rumor de música y una voz pesarosa de alguien que dice desde el otro lado de la puerta: "Lo siento, pero no os conozco". Y era verdad, esas chicas nunca llegaron a relacionarse con la persona que decían esperar. Ni fueron capaces de honrarla en el tiempo debido. En un momento de euforia, pretendieron formar parte de los portadores de luz, pero en realidad pertenecían a las tinieblas, y allí quedaron. Y la parábola termina repitiendo: *"Velad pues, porque no sabéis el día ni la hora en que el Hijo del Hombre ha de venir"* (Mateo 25:13)» (Badenas, 2004).

El mayor problema de las cinco vírgenes fatuas, insensatas o como se las quiera llamar, por encima de la necesidad de aceite, fue el desconocimiento y ausencia de relación con el novio. No relacionarse con Jesús, más que una tontería, significa muerte eterna. Ser insensato, necio o tonto, no es un pecado. ¿Cómo es posible que en todo el tiempo que se relacionaron con la novia ni siquiera se interesaran por conocer al novio? La novia representa a la iglesia y el novio a Cristo. Son muchos los que, atareados con la atención a las necesidades y exigencias de la novia no se preocupan por una relación correcta con el novio. Cuando Cristo venga, algunos escucharán el dramático veredicto: «*Nunca os conocí; apartaos de mí, hacedores de maldad*» (Mateo 7:23).

El hermano mayor siempre había estado en casa ocupado en las cosas que a él le habían parecido importantes, pero con el padre había tenido una relación fracasada. En cambio, el hermano menor se había ido de la casa, había desperdiciado su herencia con amigos y prostitutas, y había caído en el peor de los fracasos; pero había considerado su situación, se había arrepentido de los pecados y retornado al padre. De vuelta en casa había confesado al padre su culpa e, incluso, reconocido que no merecía nada. Por eso el padre lo perdonó y reintegró al núcleo familiar.

Por esa razón, en el instante de la fiesta de celebración, el padre atendió a sus dos hijos por separado. Amaba al hijo mayor que siempre había estado allí obedeciendo y sirviendo y amaba al menor quien había estado muerto y revivido. El padre ama a cada hijo en la perspectiva individual que corresponde a cada cual. Él valora las posibilidades reales dentro de las necesidades personales de cada individuo. Dios lo hace así porque «*él es amor*» (1 Juan 4:8).

Beneficios apropiados a ambos hijos

Tú tienes lo tuyo y perdiste lo mío, pero él perdió lo suyo y recuperó lo mío. Cuando el padre expuso los beneficios y perjuicios obtenidos por cada uno de los hermanos, no le quedó más remedio que recordar al hermano mayor lo que había sucedido el día en que comenzó la historia: «*También dijo: Un padre tenía dos hijos; y el menor de ellos dijo a su padre: Padre, dame la parte de los bienes que me corresponde, y les repartió los bienes*» (Lucas 15:12, 13).

A vece pasamos por alto que la parábola es clara cuando dice: «Y les repartió los bienes». Existen personas que argumentan: Pero el padre no fue justo, porque le dio la herencia a uno de los hijos y al otro lo dejó trabajando en casa; y luego, recibió al que desperdició su parte y lo admitió de vuelta en casa para que disfrutara el resto de la herencia. La que ya no le pertenecía. Muchos ignoran o pasan por alto que el hermano mayor, que quedó en casa, aquel día de la repartición recibió el doble de la herencia del que se fue lejos a despilfarrar su parte.

De acuerdo con la ley de Moisés, el hijo mayor recibía doble cantidad de los bienes paternos, mientras que cada uno de los hijos menores recibía una parte (Deuteronomio 21:17). Por lo que se afirma: «La cantidad adicional que recibía el hijo mayor tenía por objeto proporcionarle los recursos necesarios para que pudiera desempeñar sus responsabilidades como jefe de familia. Si un padre tenía solo dos hijos, como ocurrió en este caso, el hijo menor debía recibir una tercera parte de los bienes del padre» (Nichol, 1990). Esta provisión se hacía con el objetivo de que si algún pariente fracasaba y lo perdía todo, todavía tuviera un lugar donde ir. Por lo que el mayor lo debía recibir gozoso de poder desempeñar el privilegio que la ley le confería.

La explicación demuestra que el hermano mayor, en el aspecto material, era por lo menos doblemente más rico que el menor; y si se tiene en cuenta que ya el menor no tenía nada, la parábola de Jesús resaltó la ceguera del mayor cuando dijo: «*Nunca me has dado ni un cabrito para gozarme con mis amigos*» (Lucas 15:29). Era dueño de todo, pero no había disfrutado las riquezas que el padre le había regalado cuando repartió la herencia entre los dos hermanos. Aquejado por la obediencia y el servicio había perdido el gozo de estar con el padre. No había sido feliz sirviendo a su padre.

Estaba tan ocupado en la obediencia y el servicio que ni sabía que todo era su propiedad. Lo tenía todo y no percibía ni disfrutaba las bendiciones de vivir al lado del padre. Había perdido todo espiritualmente. La ceguera espiritual destruye la felicidad de quienes no reconocen la permanente presencia del padre en sus vidas.

La deducción de estas enseñanzas trasmite una gran verdad: el hermano mayor se ocupó más de los asuntos terrenales que de los celestiales. Consideró más importantes el ejercicio de sus propias acciones y procedimientos y ni siquiera se dio cuenta de que era inmensamente rico. Se aisló de tal modo en su propia concepción de la obediencia y el servicio, que perdió las riquezas eternas que surgen como consecuencia del disfrute de la compañía del padre amante. Se enfrascó tanto en el ejercicio de las obras, que, agotado por el exceso de trabajo perdió de vista la fe y dejó de confiar en el padre para el cual supuestamente trabajó tanto tiempo.

El retorno de su hermano lo llenó de celo y confrontó a su padre y lo acusó de quitarle lo suyo y preferir al hermano: «Has sido injusto conmigo, nunca me has dado nada, y jamás me has obsequiado un becerro gordo, y ni siquiera me has regalado un pequeño cabrito para gozarme». Estas declaraciones del hermano mayor recuerdan a muchos hijos de Dios, quienes, después de años de aparente servicio a Dios, y a veces hasta de toda una vida en la iglesia, se quejan de que nunca han sido felices y de que jamás han recibido nada.

Pedro fue un joven abandonado desde niño por su familia. Temprano en su adolescencia se fue de la casa y se juntó con jóvenes que llevaban una vida delictiva violenta. Pero no le fue bien. Perdió lo poco que tenía y su ropa se convirtió en harapos malolientes. Mal vestido, sin dinero para subsistir, sin familia ni amigos, se convirtió en un amargado de la vida. Se comportaba mal con sus semejantes y era un vagabundo temido por los que lo conocían. Como cinturón usaba un cable de acero con una bola de hierro en la punta, que a menudo utilizaba para defenderse ante circunstancias que, según él, requirieran tal acción.

En esas condiciones físicas y emocionales, una noche entró por la puerta de la iglesia. Alguien le había entregado una invitación para que asistiera a la campaña de evangelismo. Pedro no tenía interés alguno en las cosas espirituales, estaba allí por un cumplido. Pero la visita a la iglesia lo hizo repensar su vida.

Esa noche la palabra de Dios lo confrontó consigo mismo y decidió cambiar. Pedro aceptó a Jesús poco después de aquella primera visita a la iglesia y fue sumergido por el pastor en las aguas bautismales. Pero, a pesar de la impactante conversión, cuando hablaba de su familia, y especialmente de su padre, en el rostro se le dibujaban arrugas que denunciaban un semblante que procedía de una rabia incontrolable que le brotaba desde lo más profundo de sus entrañas. No podía disimular el odio que transpiraba hasta por su piel. El rencor lo carcomía por dentro y se reflejaba afuera. El resentimiento, los celos y el disgusto impedían que disfrutara la felicidad de haber encontrado a Jesús. Un día Pedro me dijo:
—Pastor, a pesar de mi conversión, hay una promesa de Jesús que nunca se ha cumplido en mi vida.

—¿Qué promesa?

—Pastor, mire lo que Jesús prometió:

«Y cualquiera que haya dejado casas, o hermanos, o hermanas, o padre, o madre, o mujer, o hijos, o tierras, por mi nombre, recibirá cien veces más, y heredará la vida eterna» (Mateo 19:29) —leyó en su Biblia.

—Pedro ¿no te ha bendecido Dios?

—Mire usted, yo sigo siendo un pobre diablo que no tiene nada. Dios no ha cumplido conmigo esa promesa.

Pedro estaba enfrascado en aumentar su peculio en cien veces más; no se daba cuenta de que él no había dejado nada ni a nadie para seguir a Cristo, sino que más bien Cristo lo había encontrado en la calle sin nada y sin nadie, desamparado de todos, hundido en el fango de los vicios, y al borde de ir a la cárcel. Entonces le dije:

—Pedro, ¿cuánto dinero tenías cuándo aceptaste a Cristo?

—Nada, yo nunca tuve nada.

—Y hoy, ¿cuánto tienes?

—Bueno... hoy no me faltan quinientos o mil pesos en el bolsillo.

—Pedro, si cuentas con ese dinero Dios te ha dado quinientos o mil veces más de lo que tenías. Contigo sobre cumplió su promesa. Pero atiende la lección, es cierto que aún no tienes una familia, tampoco tienes una vivienda decorosa ni tienes muchas cosas que otros sí tienen; pero si recuerdas cómo estabas cuando Jesús te encontró, creo que ya tienes cien veces más, y la posibilidad de continuar progresando. Pero recuerda que la mejor parte de la promesa no es llegar a tener *«cien veces más»,* sino *«heredar la vida eterna».* Pedro, si eres fiel y abrazas a Jesús de corazón, aunque no llegues a tener muchas cosas materiales en esta tierra, alcanzarás la vida eterna.

—Pastor, le confieso que jamás lo había visto de ese modo. Muchas gracias.

Lo más importante no son las bendiciones y el servicio, lo principal es heredar la vida eterna. El centro del evangelio es Cristo Jesús, y la salvación en él debe ser nuestra gran aspiración. Necesitamos verlo a él, ser recibidos por él y vivir con él, este es el mayor anhelo de cuantos aspiran a ser salvos del pecado.

María era una hermana que visitaba la iglesia hacía muchos años, pero no se había entregado a Jesús ni bautizado. Un día, mientras la visitaba y conversábamos de los muchos problemas que ella tenía, cuando ya me despedía me dijo: «Pastor, ore para que Cristo venga pronto a ver si los que se van a salvar salen ya de este mundo, porque yo sé que no me voy a salvar. Aunque yo me pierda que se salven los demás». Existen innumerables vidas rutinarias que nunca han sido felices en Cristo, que jamás han sentido el gozo de la salvación que emana de la cruz del Calvario.

El verdadero enfoque de Jesús estaba en el comportamiento del hermano menor. El pródigo había adquirido su herencia material de un modo prematuro y casi forzado. No había obrado bien con su padre ni con su familia. Había lanzado por la borda aun los valores más significativos de cuanto debió respetar. Pero regresó a casa con una perspectiva espiritual de reconocimiento al amor de Dios, aceptación de la misericordia divina y transformado por el poder sanador del perdón.

Aceptó el carácter sagrado de la justicia divina y una nueva oportunidad para su vida. En su confesión, puso ante el padre su culpabilidad y aceptó el perdón divino. Por eso disfrutó otra vez de los ricos beneficios del hogar paterno; porque el hermano menor regresó para obedecer y servir a aquel que lo restituyó al tronco del cual él mismo había desgajado su vida.

Como dije antes, mi padre fue un hombre que desde su adolescencia eligió el camino del abandono familiar. Los vicios, la delincuencia juvenil y la corrupción mundana se convirtieron en el pan cotidiano de su vida. Fue el hijo menor de un colono cañero, pero la mala vida que tomó hizo que a los 35 años no tuviera nada ni siquiera el apoyo de muchos de los miembros de su familia. Un día inesperado encontró a Jesús y oyó su amorosa voz que lo llamó, y sin pensarlo un instante aceptó la invitación y le entregó su vida al Salvador y lo siguió.

Después del encuentro personal con Jesús permaneció en circunstancias difíciles que durante un tiempo lo llevaron de un lado a otro como una nave sin rumbo ni dirección. En medio de la sierra Maestra, principal grupo montañoso de Cuba, probando suerte y escondido de gente que procuraba matarlo a causa de delitos cometidos, Dios inspiró a un hermano de experiencia que lo aconsejara.

En la iglesia del pequeño pueblo serrano de Limones, en medio de las montañas y alejado de la familia por cientos de kilómetros, el hermano Miguel Figueredo lo convenció de que él había aceptado a Jesús y este lo había perdonado; y le sugirió que regresara a casa y comenzara una vida nueva. El anciano y viejo seguidor de Cristo le dijo: «Pepe, tú has aceptado a Cristo y él te ha perdonado, ya eres un hombre libre de culpa. ¿Por qué huyes? Ya no tienes que huir más, nadie puede hacer daño a los hijos de Dios. Escucha mi consejo: baja de estas montañas y regresa a tu casa, vuelve con tu familia y busca la iglesia allá. Cerca del Central Senado, donde vives, hay un pequeño pueblo llamado Minas, allí hay una iglesia adventista, ve y preséntate allá y normaliza tu vida. Aún no te has casado y tal vez quieras construir tu propia familia. En la iglesia de Minas hay dos muchachas solteras y estoy seguro de que una de ellas se casará contigo».

Mientras allá en la sierra Maestra Figueredo le daba consejos al nuevo converso, en la pequeña iglesia de Minas, en Camagüey, una muchacha cristiana que le había prometido a Dios que jamás se casaría con un hombre que no fuera cristiano, oraba a Dios pidiéndole que le concediera un compañero con quien casarse que tuviera su misma fe.

Una noche la muchacha se vio a sí misma caminando por las calles de un pueblo cercano, que se conoce como el Central Senado. Mientras ella caminaba por una de las calles, vio a un hombre que arreglaba zapatos sentado a la puerta de una casa. Como el joven le llamó la atención se detuvo frente a la casa de él a mirar como trabajaba en los zapatos. Mientras ella observaba como el zapatero golpeaba sobre el zapato, el hombre soltó las herramientas y se puso en pie, cerró la puerta y entró a su casa. La muchacha quedó perpleja en plena calle. Pero un personaje vestido de blanco apareció a su lado y le preguntó:

—¿Viste bien a ese hombre?

—Sí, lo vi.

—Es zapatero, él se casará contigo.

Poco después, mientras ella reflexionaba y miraba la vivienda del zapatero, el hombre abrió una ventana de la casa y la miró. Ya no estaba vestido con ropa de trabajo, vestía una camisa amarilla y un sombrero de paño gris con una cinta de satín negro atada en la copa.

La escena se esfumó enseguida, el desconocido cerró la ventana de nuevo y desapareció dentro de la casa. Ella quedó en la calle mientras se preguntaba: ¿qué quiere decir esto? Pero antes que tuviera tiempo de pensar en una respuesta, otra vez apareció a su lado el personaje vestido de blanco y le preguntó:

—¿Viste bien al hombre que arreglaba zapatos?

—Sí, claro que lo vi.

—No lo olvides, recuerda bien a ese joven. Ese es el hombre que se casará contigo.

Durante algunos días ella meditó en el extraño sueño sin que le encontrara una respuesta lógica.

Un sábado de mañana se asomó a la puerta de su casa, donde también funcionaba la iglesia, y vio que se acercaba a la iglesia un hombre con una camisa amarilla y un sombrero de paño gris con una cinta de satín negro en la copa. ¡Ahí viene el hombre del sueño!, pensó mientras observaba como el visitante llegaba hasta el frente de la casa, descendía de la carretera y tomaba el pequeño trillo que llevaba hasta la vivienda. El hombre llegó hasta el umbral de la casa, saludó sonriente y preguntó:

—¿Esta es la Iglesia Adventista?

—Sí, es aquí —respondió otro miembro de la familia—, pase y siéntese, todavía falta un poco para el culto.

El forastero se quitó el sombrero, entró a la pequeña sala repleta de gente, se sentó con cautela en uno de los asientos y puso el sombrero sobre sus rodillas y dijo:

—Yo vengo del Central Senado, me dieron esta dirección allá en la Sierra Maestra.

—Quién se la dio —preguntó uno.

—Un hombre llamado Miguel Figueredo.

—¡Ah!... Lo conocemos. Él es del poblado de Elia, aquí cerca. Y, ¿en qué trabaja usted?

—Yo trabajo en el Central Senado.

¡Qué raro! —pensó la muchacha, que escuchaba con atención lo que conversaban en la sala de la casa—, este es el hombre que yo vi en el sueño arreglando zapatos y el personaje vestido de blanco me dijo que era zapatero.

La presencia del hombre de la camisa amarilla y el recuerdo de las palabras del personaje vestido de blanco la confundían y la obligaron a pensar otra vez en el sueño de aquella noche.

Después de la reunión en la iglesia continuó la conversación del visitante con los hermanos de la iglesia y otra persona le preguntó al aparecido:

—¿En qué trabaja usted?

—Bueno, mientras dura la zafra trabajo en el azúcar, pero el resto del año soy zapatero.

—¡Yo lo sabía! —pensó ella—, este es el hombre que Dios me mostró en el sueño.

El hombre fue aceptado en la iglesia, y ellos se enamoraron y se casaron poco tiempo después. Tuvieron ocho hijos, seis varones y dos hembras; tres somos pastores y los demás son miembros de la iglesia y algunos ocupan diferentes responsabilidades.

Este hijo pródigo no regresó para ser un esclavo. No tenía dinero, no tenía nada, pero después de desperdiciar veinte años de su vida en el vicio y la corrupción, se acogió de corazón al amor y la misericordia divina, y por la fe en Cristo comenzó una vida nueva. No se entregó a Cristo para continuar sumido en la esclavitud de una vida sin esperanza. La expectativa de la salvación le abrió la posibilidad de construir su propia familia y de morir en Cristo a los noventa y dos años. Vivió rodeado de hijos, nietos y bisnietos.

Distintos finales para ambos hermanos. El desenlace de la parábola demuestra claras diferencias entre los hermanos: mientras el hijo mayor perdió la dicha de gozarse con su padre, el menor recuperó las riquezas del padre y se gozó con él. El mayor condenó al hermano y juzgó al padre de injusto, y el menor aceptó la amante misericordia del padre y fue feliz.

El mayor ocultó sus verdaderas intenciones y el menor confesó hasta su última falta. El mayor convirtió el servicio en la razón de su existencia y el menor se entregó a su padre para servirle. El mayor vivía infeliz en la obediencia y el menor aceptó el perdón del padre y permaneció a su lado por el amor con que lo recibió de vuelta. El mayor sirvió y obedeció para ganar una recompensa que consideraba perdida y el menor servía y obedecía por gratitud. El mayor todo lo censuraba y el menor aprobó cada decisión del padre. El mayor todo lo rechazaba y el menor aceptó todo con obediencia.

El mayor rebozaba de orgullo y el menor destilaba humildad y felicidad plenas. El mayor sufría pobre en la riqueza en el patio trasero de la casa y el hermano menor vivía rico en la pobreza mientras disfrutaba de la música dentro del hogar del padre.

Quienes imitan al hermano mayor son hijos de Satanás y los que siguen el ejemplo del hijo menor son hijos de Dios. Los primeros odian y matan y los segundos aman y perdonan. Satanás todo lo condena y el Padre todo lo perdona.

Resumen

Podemos ser aceptados por Dios que está dispuesto a recibirnos. Honrados por el Padre que desea enaltecer a sus hijos fieles. Rescatados por Jesús que murió en la cruz para salvarnos. Hasta es posible que compartamos la vida con alguien que puede gozarse con nosotros. Pero ¿comprendemos realmente la procedencia del amor de Dios?

Vivimos en un mundo lleno de odios encarnizados, de rencores ponzoñosos, de venganzas escalofriantes y de diferencias irreconciliables. Desde la antigüedad millones de personas rinden culto a dioses creados por los propios seres humanos, son dioses cuyo carácter no es diferente al de sus propios creadores, porque los hombres no son capaces de crear deidades más justas que ellos mismos. Los dioses paganos rivalizaban entre sí, se odiaban entre ellos, guerreaban unos con otros, castigaban a los humanos con los peores y más crueles escarmientos, se ponían de parte de uno o de otro adorador y atendían al mayor postor. Hasta traicionaron a sus protegidos para ponerse de parte de quienes les ofrecían mayor recompensa por sus supuestas intervenciones.

Aquellos dioses creados por los hombres, hechos a imagen y semejanza de sus creadores, revelaban en sus comportamientos y acciones las mismas tendencias egoístas de sus inventores. En cambio, la Biblia demuestra que en un principio «el hombre fue creado a imagen y semejanza divina» (Génesis 1:26), y asegura que fue *«hecho poco menor que los ángeles»* (Salmos 8:5). A la humanidad le cuesta trabajo aceptar que existe una sola persona capaz de amar sin ser impulsado por el interés, sin esperar nada a cambio, sin recibir algún beneficio. El mundo que nos rodea está lleno de ejemplos que nos impiden aceptar que podemos ser amados por Dios sin ninguna condición previa. No fue casual que ante la expectante mirada de sus oyentes Jesús no concluyó su historia con la celebración provocada por el retorno del hijo perdido, sino que, contra cualquier pronóstico, añadió la tensión de una segunda parte dentro de la misma narración: el relato del encuentro entre ambos hermanos y la difícil situación del padre.

Si quieres relacionarte con tu Padre celestial, imita al hermano menor. Relaciónate con Jesús, que te ama. Toma decisiones correctas. Inspira tu vida en motivos correctos. Atiende las correctas percepciones de tu Padre celestial. Entonces disfrutarás el mejor final para una vida plena de aspiraciones. Nunca vivas pobre en la riqueza, mejor disfruta la vida como Dios quiere, tal vez pobre en las riquezas materiales, pero rico en el espíritu de Cristo.

CONCLUSIÓN

El capítulo quince de El Evangelio según San Lucas ofrece una nueva dimensión acerca del amor de Dios. Muestra que él hace lo posible para que sus hijos seamos rescatados del pecado. Las Escrituras dicen: «*No queriendo que ninguno perezca, sino que todos procedan al arrepentimiento*» (2 Pedro 3:9). Este versículo muestra la voluntad de Dios para quienes se pierden en el áspero desierto de la vida y en medio de los peligros de un mundo hostil.

Tres parábolas magistrales complementan el deseo de Dios y su interés y reacción para salvar a los que están perdidos. La conmovedora parábola de la oveja perdida, con su lección de un pastor que arriesgó todo para salvar a una descuidada e infeliz oveja, abre una puerta de oportunidad a quienes se pierden en el desierto de la vida; y la parábola romántica de la moneda perdida, con la enseñanza de una mujer apasionada que busca hasta encontrar una simple moneda que significa para ella mucho más que el valor monetario que posee, recuerdan lo que un Dios de amor es capaz de hacer para rescatar al hombre extraviado dentro de la casa del Padre (Nichol, 1990). Pero con el relato del hijo perdido, Jesús ilustró el modo en que el pecador puede responder al amoroso llamado del Padre que lo invita a entrar en su casa. El hermano mayor y el menor representan a ambos grupos: «publicanos y pecadores» y «escribas y fariseos» (Nichol, 1990). La actitud de ambos hermanos demuestra que el interés del Padre se basa en el amor, en un amor verdadero e incondicional que espera una respuesta positiva de parte de la persona amada por Dios.

La parábola de la oveja perdida enseña la enorme posibilidad que todos tenemos de ser rescatados por el amor. La aleccionadora parábola de la moneda perdida nos asegura que aun quienes están perdidos dentro de la iglesia, víctimas de filosofías e interpretaciones personales, también pueden ser encontrados por el amor de Dios. Pero la parábola del hijo pródigo ilustra lecciones mucho más profundas. Por medio de ella Jesús describió el amor desinteresado y buen juicio del Padre por los pecadores, y mostró su amor desinteresado para salvarnos.

En otras palabras, Cristo refirió el sigiloso proceso interno con que el pecado actúa dentro de quienes abandonan a Dios. Además, describió el modo como el mal los convierte en víctimas de sí mismos y los deja carentes de amor y a la deriva de sus propios deseos. Pero, sobre todo, anunció cómo los pecadores pueden retornar a su Padre celestial. La parábola señala el camino humano hacia la perdición e incluye los pasos de deterioro espiritual, físico y familiar que asaltan al pecador en medio de dicho proceso descomposición espiritual. También indica el camino hacia el Salvador.

Los pecadores extraviados pueden colapsar por el desamor, situación crítica cuya única posibilidad de escape es que el amor de Dios los atraiga y justifique. Pero no importa dónde estemos ni quiénes seamos, porque Dios nos ama, y si se lo permitimos, nos salva, aunque estemos perdidos en la inmensidad de este mundo extraviado. Porque nos salvará el Dios que es amor y todo lo puede.

Es cierto que el jueves cinco de agosto de 2010 el mundo, hasta el último rincón del planeta, fue conmovido por la noticia sin precedentes en la historia de los accidentes laborales en el mundo: el derrumbe de la mina San José, en Chile, que sepultó a 33 mineros a la profundidad de unos setecientos metros. Es verdad que millones de dólares y de recursos materiales se invirtieron en el rescate de los 33 hombres que estaban condenados a una muerte espantosa.

Pero un rescate mucho mayor ya se había efectuado hace más de 2000 años en la cruz del Calvario. La humanidad entera quedó atrapada en la más profunda y peligrosa de las grutas jamás conocida: la gruta del pecado y la separación de Dios. El cielo sacrificó a Jesús para rescatar a cuantos vuelven al hogar del Padre.

Cristo se ofreció para que ese rescate fuera posible. Porque Jesús es el más preciado don del universo. Como el pastor busca a la oveja extraviada, él vino a buscarnos por los inhóspitos senderos del desierto de la vida. O como la mujer rebusca su dracma, él ilumina nuestra vida, limpia la casa de nuestro corazón y barre las dificultades mientras lucha para rescatarnos. Sale al camino y corre a encontrarse con el pecador que suplica fuera de la casa. A él no le importa si somos pobres vagabundos hambrientos o si venimos del campo por la parte trasera de la casa, donde tal vez hemos obedecido y servido como el mejor de los hijos. Jesús nos ama con todo su amor.

Todavía quedan millones de personas que no han aceptado la invitación de Jesús. Es posible que estés casi perdido, pero estas tres parábolas te dicen que puedes ser salvo. Cualquier pecador arrepentido puede ser uno de esos millones que perecen alejados del Padre. Jesús desea que aceptes entrar a la casa del Padre a disfrutar de la música y del gozo celestial. Él quiere que te relaciones con el Padre y te goces en el perdón y la justificación que procede de él.

Cristo te llama a tomar la decisión correcta: ven a Jesús. Por la fe ve a la casa del Padre y abrázalo cuando salga a tu encuentro a recibirte. Jesús desea que tu motivación no se base en el servicio y la obediencia; sino, en el amor de Dios y en la aceptación de su sacrificio en la cruz. Jesús desea que, aunque pierdas los bienes materiales, ganes la vida eterna, que es la mayor de las ganancias que un pecador adquiere en esta tierra.

Conclusión | 165

Él espera que no termines pobre en la riqueza, sino que vivas rico en la pobreza. Él quiere que aceptes su invitación: *«Venid a mí todos los que estáis trabajados y cargados, y yo os haré descansar»* (Mateo 11:28). Acepta la invitación de Jesús y confía en la esperanza de los hogares quebrantados. Permite que el amor de Dios te salve.

Su sacrificio en la cruz del Calvario significa que el poder del amor salva a nuestros hogares. Representa que podemos beber el remedio que rescata a los perdidos que abandonaron al Padre celestial. No te aflijas más, casi perdido significa completamente salvado por la eternidad. No te pierdas, si reconoces que estás perdido en camino de perdición y regresas al hogar del padre serás salvo.

AGRADECIMIETO

Si te fue útil este libro te agradezco que lo recomiendes a quienes, como tú, desean predicar el evangelio de Cristo. Si no te es molestia, tal vez puedes dejar un comentario o recomendación en la plataforma de venta donde lo compraste. Así ayudarás a que el libro tenga mayor visibilidad y llegue a otros con mayor rapidez.

Que Dios te bendiga mucho y te ayude a cumplir tu ministerio de predicación.
¡Gracias por tu apoyo!
José M. Moral
Nota:
Web: jmoralministries.org
Ahí están algunos sermones en Audio
y Video. También encontrarás ideas para sermones.
Te deseo muchas bendiciones.

REFERENCIAS

Anderson, R. A. (1951). *El llamado del pastor*. Revista Ministerio.

APIA. (1998). *Biblioteca Electrónica Fundamentos de la Esperanza*. Miami, EEUU.

Badenas, R. (2004). *Para conocer al Maestro en sus parábolas*. Madrid, España: Editorial Safeliz.

Barclay, W. (1995). *Comentario al Nuevo Testamento (Vol. 2)*. Barcelona, España: Editorial Clie.

Hendriksen, G. (1994). *Comentario al Nuevo Testamento: El evangelio según San Lucas*. Grand Rapids, MI: CRC World Literature Ministries.

Hendriksen, G. (1994). *Comentario del Nuevo Testamento: El evangelio según San Mateo*. Grand Rapids, MI: CRC World Literature Ministries.

Knight, G. R. (1998). *Guía del fariseo para una santidad perfecta*. Santafe de Bogotá: Asociación Publicadora Interamericana.

La tercera. (2010, agosto 22). *Diario Chileno la tercera*.

Morris, H. M. (1998). *El mundo en sus comienzos*.

Nichol, F. (Ed.). (1990). *Comentario bíblico (Vol. 5)*. Washington, DC: Asociación Publicadora Interamericana.

Nichol, F. (Ed.). (1990). *Comentario bíblico (Vol. 1)*. Washington, DC: Asociación Publicadora Interamericana.

Nichol, F. (Ed.). (1990). *Comentario bíblico (Vol. 7)*. Washington, DC: Asociación Publicadora Interamericana.

Orrego, A. D. (Ed.). (1995). *Diccionario bíblico* (R. A. asociados, Trad.) Buenos Aires: Casa Editora Sudamericana.

Wikimedia Commons. (2010, Octubre 9). Wikipedia. Obtenido de Wikipedia: es.m.wikipedia.org

LIBROS DEL AUTOR

VERSIÓN EN INGLÉS DE: PREDICA CON PODER

Preach whith Power: A Practica Guide to Crafting Expository Sermons Like an Expert

Si necesitas bosquejos de sermones expositivos para predicar, este compendio de 5 volúmenes contiene sermones sueltos y series temáticas. Los temas son más que bosquejos, porque contienen también las ilustraciones y la documentación temática. Son temas listos para la exposición en la iglesia.

SERIE DE BOSQUEJOS LISTOS PARA PREDICAR

1. *Sermones cristianos: Para predicar*

2. *Las 12 claves del reino: Bosquejos de sermones para predicadores*

3. *Hacia el Gólgota: Sermones para predicar*

4. *Predica con poder: Guía práctica para crear sermones expositivos sin ser un experto.*

5. *Puedes hacer la diferencia: Y otras reflexiones cortas para predicar*

Gracias por leer mis libros.

El autor